M.S. — 22 — Ussun amaziɣ

Dahbia ABROUS

**La Société des Missionnaires
d'Afrique à l'épreuve du mythe berbère**

Kabylie – Aurès – Mzab

Éditions PEETERS
PARIS - LOUVAIN
2007

La Société des Missionnaires
d'Afrique à l'épreuve du mythe berbère

Centre de Recherche Berbère
INALCO, 2, rue de Lille 75 343 Paris Cedex 07

MS. – 22 – Ussun amaziɣ
(anciennement « Etudes Ethnolinguistiques Maghreb-Sahara – SELAF »)

Collection dirigée par Salem Chaker

– S. Chaker : *Linguistique berbère. Etudes de syntaxe et de diachronie*, 1995.
– R. Achab : *La néologie lexicale berbère (1945 – 1995)*, 1996.
– M. Kossmann : *Grammaire du parler berbère de Figuig* (Maroc oriental), 1997.
– K. Naït-Zerrad : *Dictionnaire des racines berbères* (formes attestées), I, 1998
– A. Bounfour : *Introduction à la poésie berbère*, I, La poésie, 1999.
– R. Bellil : *Les oasis du Gourara (Sahara algérien) 1. Le temps des saints*, 1999.
– K. Naït-Zerrad : *Dictionnaire des racines berbères* (formes attestées), II, 1999.
– S. Chaker (éd.) : *Etudes berbères et chamito-sémitiques, Mélanges offerts à Karl-G. Prasse pour son 70ᵉ anniversaire*, 2000.
– M. Kossmann : *Essai de grammaire du rifain*, 2000.
– R. Bellil : *Les oasis du Gourara (Sahara algérien) T1. Fondations des Ksours*, 2001.
– R. Bellil : *Les oasis du Gourara (Sahara algérien) TII. Récits, contes et poésies en dialecte tazenatit*, 2001.
– Naït-Zerrad : *Dictionnaire des racines berbères* (formes attestées), III, 2002.
– A. Bounfour : *Introduction à la littérature berbère. 2. Le récit hagiologique*, 2005.
– D. Merolla : *De l'art de la narration tamazight (berbère). 200 ans d'études : état des lieux et perspectives*, 2006.

Centre de Recherche Berbère — Inalco (Paris)
M.S. — 22 — Ussun amaziɣ
Institut de Recherches et d'Etudes sur le Monde
Arabe et Nusulman (CNRS, Aix-en-Provence)

Dahbia ABROUS

La Société des Missionnaires d'Afrique à l'épreuve du mythe berbère

Kabylie – Aurès – Mzab

SELAF n° 440

Editions PEETERS
Paris – Louvain – Dudley, MA
2007

Library of Congress Cataloging-in-Publication Data

BV
3585
.A27
2007

*Les recherches qui ont permis l'élaboration de cet ouvrage ont
été réalisées avec le soutien de
L'institut de Recherches et d'Etudes sur le Monde Arabe et
Musulman (IREMAN, CNRS, Aix-en-Provence)*

Le travail lui-même est un élément inédit du dossier
scientifique présenté en vue de l'Habilitation à Diriger des
Recherches (HDR), soutenue en avril 2004 à l'INALCO (Paris).

D. 2007/0602/101
ISBN-13: 978-90-429-1959-4 (Peeters Leuven)
ISBN-13: 978-2-87723-988-2 (Peeters France)
ISSN: 0757-7699

© Peeters Press Louvain-Paris, 2007

Copyright scientifique SELAF Paris

Tous droits de reproduction, de traduction
et d'adaptation réservés pour tous pays

REMERCIEMENTS

Je tiens à adresser mes très sincères remerciements :

aux Missionnaires d'Afrique, Pères Blancs et Sœurs Blanches, des Maisons Généralices de Rome pour la qualité de leur accueil.

à Salem CHAKER pour tous ses encouragements et conseils.

A Ouzna OUAKSEL pour sa gentillesse et toute la finesse avec laquelle elle a assuré la mise en forme de ce travail.

PRÉFACE

Ce livre de Dahbia Abrous est exemplaire à plus d'un titre. Il nous montre tout ce qu'il est possible de tirer de l'exploitation des archives, encore méconnues, d'hommes et de femmes de terrain confrontés à des réalités pour lesquelles ils n'étaient certes pas sans préparation, mais qu'ils ont su observer avec lucidité et acuité, malgré les lourdes déterminations idéologiques de l'époque.

Partis pour « *convertir ces bons Berbères* », les Missionnaires d'Afrique nous laissent une description de sociétés qui n'avaient pas du tout l'intention de « *se laisser faire* », solidement campées sur leurs valeurs et capables de résister, de négocier pied à pied avec eux. Des sociétés vaincues militairement mais non soumises.

Le travail de Dahbia Abrous porte sur la phase de mise en place des postes missionnaires en Kabylie, dans les Aurès et au Mzab, à la fin du XIXe et dans les toutes premières décennies du XXe siècle. Il nous offre, à partir de l'étude des archives des Pères et Sœurs Blanches eux-mêmes, un compte rendu synthétique de cette période des premiers contacts.

Et ces archives et la lecture que nous en propose D. Abrous nous apprennent énormément, sur de nombreux plans.

D'abord, elles apportent une moisson de données factuelles, historiques et anthropologiques :

– Sur l'histoire de la mission elle-même, son contexte global, ses hésitations et difficultés, ses échecs et réussites (relatives) ;

– Sur les sociétés berbères concernées, sur un ensemble de pratiques anciennes, souvent balayées par les profondes mutations socio-économiques et culturelles du XXe siècle ; sur leurs attitudes et réactions face à la mission et à son action (évangélisation, soins, scolarisation).

Ensuite sur la relation des missionnaires à leur terrain. Où l'on voit voler en éclat, devant la dure réalité, le « mythe berbère » chez ces Pères Blancs sensés en être les premiers agents d'application, le « fer de lance ». Où l'on constate, presque immédiatement, chez ces hommes et ces femmes pourtant pétris de leur foi chrétienne, une lucidité amère ; et l'identification, avec une grande finesse, des facteurs de la résistance et de leur échec quasi programmé. Les développements sur ce qu'ils appellent joliment le « *respect humain* », *i.e.* le sens de l'honneur, fondé sur un système de solidarités contraignantes, sont proprement remarquables et relèvent d'une forme d'anthropologie spontanée qui manifeste une parfaite intelligence de la situation.

Ce qui nous rappelle aussi que le contexte colonial est complexe et ne saurait être appréhendé sérieusement de manière manichéenne et simpliste. Les thèmes de l'idéologie coloniale française étaient certes puissants et largement partagés, mais ils ne s'imposent pas partout et à tous, en toutes circonstances : des hommes des femmes expressément missionnés pour « *civiliser ces bons berbères et, à terme, les ramener dans le giron de la sainte église catholique, à laquelle ils ont longtemps appartenu* » sont capables, très vite, de tenir un tout autre discours que celui de leur archevêque fondateur et de l'opinion dominante d'alors. Ils délivrent même le message opposé : « *Non, les Berbères ne sont pas, ne seront pas facilement christianisables et ils se révèlent même plus réfractaires que les Arabes musulmans, avant tout parce que leur société est une citadelle hermétique et hostile* ».

On est loin, on le voit, des espérances berbérophiles de Mgr Lavigerie. En fait, si le « mythe berbère » a bien fonctionné pendant la période coloniale, à quelques très rares exceptions près, il n'a guère abusé que ceux qui étaient loin des terrains berbères ! Comme je l'ai écrit ailleurs, le « mythe berbère » est avant tout une « fiction berbère », je dirai même « une fiction de salons algérois et parisiens », construite par des demi-savants, des milieux cultivés, mélangeant réminiscences de Salluste, Saint Augustin, Ibn Khaldoun et récits de la guerre de conquête de l'Algérie, mais ayant peu ou pas de liens directs et profonds avec les terrains berbères.

Enfin, ces archives nous révèlent aussi les racines lointaines des évolutions ultérieures et contribuent à la compréhension du présent. En particulier en mettant en évidence les différences nettes entre les trois régions berbérophones représentées. Si la Kabylie a connu au XXe siècle une histoire très spécifique (émigration de masse, engagement lourd dans le combat nationaliste algérien, émergence de la revendication culturelle berbère), on en perçoit les prémices et les causes lointaines dans ces archives. Après une phase, très brève, de rejet aigu, la Kabylie accepte la présence missionnaire et surtout elle s'approprie son terrain d'action principal, la *scolarisation*. Ecole publique de la République et Ecole privée catholique seront les agents parallèles de la formation des élites intellectuelles et politiques kabyles qui deviendront l'ossature du mouvement nationaliste algérien et, plus tard, de la revendication berbère. Ce phénomène d'appropriation, significative sinon massive, des savoirs modernes est propre à la Kabylie. Et les Pères en ont également parfaitement perçu les potentialités subversives.

Après avoir dit ce que nous apporte le travail de D. Abrous, il est sans doute utile, pour éviter tout malentendu, de pointer ce qu'il n'est pas. Ce n'est pas une histoire ou une analyse globale de l'action des Pères et Sœurs Blanches dans les zones berbérophones d'Algérie. Celle-ci reste à faire (*et devra absolument être faite*), en particulier pour des aspects, souvent plus tardifs, dont l'impact a été considérable : la scolarisation et ses retombées sociales et culturelles ; leur œuvre scientifique berbérisante, tout à fait décisive, non seulement pour la connaissance de la langue et de la culture berbères, mais aussi au plan de sa promotion, de la diffusion de l'écrit et de la codification de la langue.

Ces versants ne pourront évidemment pas être évacués d'un travail plus global d'évaluation de l'action des Missionnaires d'Afrique sur la longue durée. Ils en sont même la composante essentielle et pérenne.

On le voit, ces archives méritaient d'être explorées et connues ; et l'on attend la suite !

Salem CHAKER

Photo 01. *Kabylie*: Entrée de maison kabyle (1939-1946).

INTRODUCTION

La Société des Missionnaires d'Afrique – dont les membres sont communément connus sous les noms de « Pères Blancs » et de « Sœurs Blanches » – fut, à partir du dernier quart du XIXe siècle, la plus active des congrégations catholiques en Afrique du Nord : en Tunisie, mais surtout en Algérie. Ce prosélytisme, dans un contexte colonial complexe, est intéressant à analyser en tant que tel ; tout aussi intéressante est la manière dont ces missionnaires ont perçu les régions dans lesquelles ils ont exercé.

Le présent ouvrage tente de cerner ces deux aspects à travers leurs multiples imbrications et ce, à partir de l'exploitation de documents (chroniques, rapports, ouvrages) contenus dans les fonds d'archives des maisons généralices des Pères Blancs et des Sœurs Blanches à Rome.

En dehors des travaux de Karima Dirèche-Slimani (*Cf.* bibl.) et d'une mention figurant dans un article de Jean Morizot[1], ces fonds d'archives ne semblent pas avoir été exploités par les spécialistes de l'Afrique du Nord, historiens ou anthropologues.

Dans une tentative d'approche comparée, on abordera le déploiement de cette action missionnaire dans trois régions berbérophones d'Algérie : la Kabylie, les Aurès et le Mzab.

L'analyse des données contenues dans ces archives ne peut évidemment avoir de pertinence que si elle est mise en relation avec le contexte historique dans lequel est née et s'est développée cette action missionnaire. Dans ce contexte, qui a déjà fait l'objet d'analyses précises (Vanlande 1929, Renault 1992, Dirèche-Slimani 2004), on soulignera les points suivants :

♦ Contrairement à ce que l'on pourrait croire aujourd'hui, le projet d'évangélisation ne faisait pas du tout partie de la stratégie globale de colonisation en Algérie :

> « *L'arrêté de capitulation signé le 5 juillet 1830 par le Dey d'Alger et le Commandant des troupes françaises stipulait le libre exercice de la religion musulmane* » (Renault 1992 : 127).

---

[1] Les archives relatives aux Aurès sont signalées par Jean Morizot dans l'*Encyclopédie berbère* VIII, article « Aurès », en bibliographie, page 1140.

♦ Les autorités civiles et militaires de la colonie – anticléricales dans leur grande majorité – étaient hostiles à toute tentative de prosélytisme, car elles savaient que toute atteinte à la religion musulmane risquait de provoquer des soulèvements.

♦ Lorsque l'Archevêque Lavigerie, fondateur de la Société des Missionnaires d'Afrique[2], prit ses fonctions en Algérie en mai 1867,

> « *Son objectif était net : assurer la liberté de l'apostolat auprès de toutes les populations* [c'est-à-dire : y compris auprès des Musulmans] ; *or, pour l'atteindre, il devait s'en prendre au système de gouvernement pratiqué en Algérie depuis la conquête, opposé radicalement à une telle conception* » (Renault 1992 : 118-119).

Lavigerie ne conquit cette liberté d'apostolat qu'à l'issue d'une longue partie de bras de fer avec l'administration coloniale ; pour faire fléchir celle-ci, il n'hésita pas à utiliser la famine, qui en 1867 avait sévi en Algérie, et son cortège d'orphelins.

Mais les relations de Lavigerie avec l'administration coloniale restèrent toujours difficiles. (Renault 1992 : 150-156)

René Vanlande revient, lui aussi, sur ces relations :

> « *Les démêlés de Monseigneur Lavigerie et du Maréchal de Mac-Mahon sont demeurés célèbres dans les annales algériennes. Le Maréchal avait même résolu d'expulser l'Archevêque et l'Archevêque s'apprêtait à rien moins qu'à excommunier le Maréchal* » (Vanlande 1929: 56).

Cette réserve des autorités militaires et administratives françaises s'étendait à toute tentative d'action missionnaire en Kabylie ; Vanlande évoque le cas du Père Creusat, jésuite[3], qui avait déployé à Fort-National (Larbɛa n At-Yiraten) un zèle missionnaire jugé intempestif. Au Général Wimpffen qui lui présentait les risques d'un apostolat mené avec un peu trop de zèle, le Père Creusat déclara:

> « *Je ne crains pas le martyre. – C'est possible,* répondit Wimpffen, *mais allez le chercher ailleurs que dans le territoire de ma division* » (Vanlande 1929: 56).

---

[2] L'ouvrage de A. Pons – *La nouvelle église d'Afrique ou le catholicisme en Algérie en Tunisie et au Maroc depuis 1830*, éd. Namura, 1930 – consacre un chapitre au Cardinal Lavigerie (p. 122 à 138) et un autre chapitre à la Société de Missionnaires d'Afrique (p. 304 à 323). L'auteur, dans une approche partiale car il appartient lui-même au clergé, revient sur les conditions complexes dans lesquelles l'Eglise catholique s'est implantée en Algérie après 1830.

[3] Les Jésuites fondèrent, très peu avant les Pères Blancs, deux postes en Kabylie: un à Djemâa Saharidj et un autre à Aït-Larbâa aux At-Yanni. Après le départ des Jésuites de Kabylie, les Pères Blancs prirent en 1883 ces deux postes ; dans celui des

A ce même Père Creusat, le Général Hanoteau, fin connaisseur de la Kabylie, précisait:

« *Que vous emportiez la palme du martyre, j'en serai très heureux pour vous, mon Père, mais moins heureux pour les zouaves qui devront aller vous venger* » (Vanlande 1929: 57).

Pour le Cardinal Lavigerie et pour la hiérarchie catholique de l'époque, l'action d'évangélisation en Algérie s'inscrivait dans une perspective plus vaste: il s'agissait de ressusciter l'ancienne Eglise d'Afrique, faisant ainsi de l'Algérie la porte ouverte vers le reste du continent.

Dans cette stratégie, la Kabylie et le Sahara occupaient une position toute particulière. Le Sahara – et surtout le pays touareg – constituait alors une région clé pour deux raisons: la lutte contre l'esclavage[4] et le passage vers l'Afrique Noire (dénommée globalement « le Soudan », terme repris de l'arabe: *bilād As-sūdān*: pays des Noirs). Les missionnaires tentèrent de s'installer discrètement à Ghadamès et à Ghât, passage obligé vers le Soudan, mais le massacre de deux de leurs missions par les Touaregs (dont une en 1881, peu après celle de Flatters) les contraignit à renoncer à la région (Renault 1992: 292-294 et 390-396). Ce fut certainement la raison pour laquelle les missionnaires n'ouvrirent pas de poste en pays touareg.

En Kabylie, les données de départ étaient différentes: il s'agissait d'une région du Nord, donc beaucoup plus accessible bien qu'elle fût la dernière à avoir été conquise (1857), puis « soumise » (1871). Dans un discours prononcé en avril 1875 « pour l'inauguration du service religieux dans l'armée d'Afrique », l'Archevêque d'Alger, rappelant les premières années de la conquête de l'Algérie et se référant aux écrits du Général Daumas, évoque la Kabylie en ces termes:

« *[…] sur les sommets de l'Atlas, formant avec les restes des Libyens et des Berbères, la masse des populations indigènes, se trouvent les descendants des chrétiens. C'est le Liban de l'Afrique, mais un Liban que l'Europe a délaissé, et où peu à peu le christianisme a disparu, après la destruction de son sacerdoce. Laborieux, sobres, pleins de courage, exempts de fanatisme pour une religion imposée par de longues violences et quatorze fois reniée par eux,*

At-Larbâa fut fondée une mission. L'ouvrage de J.M.J. consacré au Père Joseph Rivière contient des indications précises sur les activités missionnaires menées par les Jésuites dans ces deux postes durant près de dix ans; elles sont en tous points, semblables à celles des Pères Blancs.

[4] Cette lutte contre l'esclavage était un point important de l'action de Lavigerie. Au Sahara, la première (et la seule) communauté de convertis était constituée d'esclaves rachetés, de même que dans le Nord (Vallée du Chélif), ce sont les orphelins de la famine de 1867 qui formeront la première communauté de convertis, regroupée en « villages chrétiens »; l'expérience se soldera par un échec.

> *séparés des Arabes par le ressentiment de l'opprimé contre l'oppresseur, n'ayant pas subi la loi des Turcs, conservant encore, dans quelques tribus, le signe sacré de la croix, et, dans toutes, le code, ou, comme ils disent, le canon de leurs lois civiles, les Kabyles semblaient destinés à notre alliance. »*
> (Archevêque d'Alger, 1875: 28-29).

Ces débris d'Afrique chrétienne – il ne s'agit pas seulement de la Kabylie, même si cette région occupe une place privilégiée – auraient mérités d'être ressuscités, poursuit le discours, dès les premiers moments de la conquête:

> « *Nous devions lui dire: Afrique chrétienne, sors du tombeau. Réunis tes débris épars sur tes monts et dans tes déserts* » (*idem*: 30).

La Kabylie, dit François Renault, est « *la première région à laquelle s'intéresse Lavigerie après la prise de possession de son siége épiscopal* » (p.272). Le même auteur affirme que pour Lavigerie:

> « *L'évangélisation [était] jugée davantage plausible dans ce pays que dans d'autres régions d'Algérie. Cette espérance reposait sur une certaine vue de l'Histoire, selon laquelle tous les peuples de l'Afrique du Nord, les Berbères, auraient embrassé le christianisme à l'époque romaine et auraient dû finalement accepter l'islam mais de façon très superficielle en laissant subsister un fond de traditions chrétiennes que l'on pourrait faire revivre. Lavigerie avait consulté des ouvrages faisant alors autorité sur ces questions [...] Henri Duveyrier et Eugène Daumas* ». (Renault 1992: 272).

Cette approche traverse la quasi-totalité des études historiques sur l'Afrique du Nord élaborées par les missionnaires, surtout par leur hiérarchie, à la fin du XIXe siècle et au début du XXe siècle. La chronique de 1903-1904, par exemple, contient une importante « Etude sur l'extension du christianisme chez les Berbères » (p. 4 à 175) ; cette étude remonte à « l'état du christianisme à l'époque de Saint-Augustin », elle traite de la Kabylie, des Aurès, du Mzab et de l'aire touarègue. Ce travail, qui s'appuie sur des ouvrages classiques (Ibn Khaldoun, Masqueray, Duveyrier...), se livre à une longue rétrospective historique: Antiquité, conquête arabe, persistance de communautés chrétiennes après cette conquête ; dans l'analyse du présent, on recherche les traces de ce christianisme antique. Cette logique sous-tend aussi toute l'approche faite de la société mozabite: les *tiazzabin*, par exemple, forment: « *une espèce d'Institut féminin qui rappelle assez bien les diaconesses de la primitive Eglise* » (p. 162) ; la *tebria* – « *l'excommunication mzabite* » – est rapprochée des notions chrétiennes de confession, pénitence, repentir (p. 164 à 166). La dernière section de cette étude, la section VIII: « *Le christianisme chez les Touaregs* », souligne les indices du christianisme dans « *la croix qui se trouve partout* [...] *Dans les mœurs, les traces du christianisme sont encore plus évidentes: la monogamie, le respect de la femme, l'horreur du vol, du mensonge...* » (p. 168).

Ce fut donc bien le « mythe berbère » et notamment un de ses clichés – les Berbères anciens chrétiens et leur tiédeur vis-à-vis de l'islam – qui servit de toile de fond à cette action d'évangélisation. La quasi-totalité de ces études historiques s'inscrivait, souvent avec un grand souci d'érudition, dans le discours dominant de l'époque sur les Berbères, discours auquel la hiérarchie catholique adhérait pleinement. De fait – en dehors d'une expérience avortée de villages chrétiens pour les orphelins de la famine de 1867 fondés dans la vallée du Chélif et d'un poste ouvert en 1874 et fermé peu après à Metlili – c'est principalement dans les régions berbérophones: Aurès, Kabylie, Mzab, que tous les autres postes seront ouverts, avec un maillage plus serré pour la Kabylie.

Mais face à l'épreuve du terrain, les motifs de ce mythe berbère se briseront un par un.

Outre la richesse des données qu'elles livrent, l'intérêt des archives des Missionnaires d'Afrique réside dans le fait que tous les rapports et chroniques qui proviennent des postes de mission constituent une remise en cause constante du « mythe berbère » (en particulier kabyle): en hommes de terrain confrontés à cette société au quotidien, ces missionnaires n'ont cessé de répéter à leur hiérarchie que la Kabylie n'était pas « convertible ». Ne se faisant aucune illusion sur les conversions suscitées par la misère (*Cf.* chapitre II), ils ont expliqué sur plus de 60 ans les raisons qui rendaient cette action d'évangélisation encore plus difficile en Kabylie qu'en « *pur pays musulman* », selon leurs propos. Nous évoquons ici la Kabylie car – comme nous le verrons plus loin – dans le Mzab et dans les Aurès, il n'y eut même pas de tentatives de conversion.

Ces voix, qui pourtant rejoignaient celles de quelques observateurs lucides (Hanoteau[5], Mercier) sont restées inaudibles car la hiérarchie catholique de l'époque, persuadée du bien-fondé de sa mission, n'avait

---

[5] Hanoteau, en fin connaisseur de la Kabylie, affirmait: « *en ce qui concerne le dogme et les croyances religieuses, leur foi est aussi naïve, aussi entière et aussi aveugle que celle des musulmans les plus rigides. Loin de les regarder comme plus favorables que d'autres à notre domination, nous les croyons, au contraire, plus hostiles parce que cette domination ne froisse pas seulement leurs préjugés religieux, mais blesse profondément le sentiment si vivace en eux de l'indépendance ; quant à la conversion prochaine des Kabyles au catholicisme, c'est une pure chimère* » (Hanoteau cité par C.R. Ageron, 1968. tome I: 272 en note infra-paginale).
Sur le « mythe berbère » voir aussi:

pas voulu ou n'avait pas pu les entendre ; elles sont restées inaudibles aussi parce que les écrits de ces missionnaires, dans leur grande majorité, n'avaient pas accédé à l'espace public ; ils y auraient, de toute manière, constitué des voix discordantes par rapport au discours dominant de l'époque sur les Berbères. Ces voix discordantes révèlent aujourd'hui tout leur intérêt.

Dès le début de ce travail d'exploitation, l'objectif n'était pas seulement la Kabylie, mais les trois[6] principales régions berbérophones dans lesquelles avaient été installés des postes de mission: Kabylie, Aurès, Mzab. Cependant, il est très vite apparu que les données relatives à la Kabylie étaient, de loin, les plus abondantes: sept postes ont été installés en Kabylie contre un dans les Aurès et deux dans le Mzab[7].

Le déséquilibre quantitatif des matériaux explique que l'essentiel de ces analyses soit centré sur la Kabylie ; une comparaison Kabylie – Aurès – Mzab sera tentée à la fin de ce travail, dans la limite des données disponibles.

– Charles-Robert Ageron, 1968 – *Les Algériens musulmans et la France* Tome I. PUF, chapitre X.
– Charles-Robert Ageron, 1976 – « Du mythe kabyle aux politiques berbères », *Cahiers Jussieu*, n°2: « Le mal de voir ».
– Salem Chaker, 2006 – « Berbère/langue berbère: les mythes (souvent) plus forts que la réalité » in *Berbères ou Arabes? Le tango des spécialistes*, (pp. 137-153), sous la direction d'Hélène Claudot-Hawad, éd. Non Lieu, Paris.
– *Connaissance du Maghreb, sciences sociales et colonisation*, Ed. du CNRS, Paris, 1984. (en particulier les articles de Camille Lacoste-Dujardin et A. Albergoni).

[6] Les missionnaires n'ont pas ouvert de poste en pays touareg (*Cf. supra*) mais des relations continues avec le Père de Foucauld sont signalées. N'ayant pas consulté ce fonds d'archives relatif à l'aire touarègue, je n'ai aucune indication sur ce qu'il peut contenir. Karima Slimani-Dirèche a cependant trouvé dans ce fonds un intéressant carnet de voyage: « Voyage chez les Ajjer mai-juillet 1880 ». Elle a présenté ce carnet lors d'une communication faite au colloque de l'AFEMAM les 4-5-6 juillet 1996 à Aix-en-Provence. (*Cf.* bibliographie: K. Slimani-Dirèche 1997).

[7] Les postes ouverts en Kabylie sont cités tels qu'ils figurent dans les diaires et chroniques, suivis de l'abréviation qui sera utilisée dans ce travail: Ouarzen (Beni-Manguellat: B.M.), Bou-Nouh (Beni-Ismaïl: B.I.), Ighil Ali (Aït Abbès: I.A.), Taourirt Abdallah (Ouadhias: O.), Taguemount Azzouz (Beni Mahmoud: T.A.), Aït Larbâa (Beni Yenni: B.Y.), Kherrata (KH.). Les noms des postes dans les chroniques sont donnés soit en référence à la tribu: Ouadhias, Beni Yenni, Beni Manguellat, soit au village dans lequel est installé le poste: Taguemount Azzouz, Ighil Ali. On note aussi pour ces dénominations la reprise systématique de *Beni* (« fils de », en arabe) généralisé par l'administration française au lieu de son équivalent berbère: *Aït/At*, très couramment employé en Kabylie. Dans les Aurès a été ouvert un seul poste à Arris transféré ensuite à Médina. Aucun poste de Sœurs Blanches n'a été signalé. Dans le Mzab ont été ouverts deux postes à Ghardaïa: un pour les Pères Blancs, un pour les Sœurs Blanches. En Kabylie, la plupart des villages dans lesquels ont été ouverts des postes, comprenaient un poste pour les Pères et un autre pour les Sœurs.

Ces archives sont d'une grande richesse car la nature de la tâche confiée à ces missionnaires – à l'origine, un apostolat – exigeait non seulement un contact étroit avec les populations auxquelles s'adressait cet apostolat mais aussi une connaissance précise de leurs langues, de leurs institutions et codes de valeurs, de leur perception du sacré, du religieux, *etc*. Le cardinal Lavigerie, fondateur de la Société des Missionnaires d'Afrique, recommandait à ses missionnaires d'Afrique équatoriale:

> « *La tenue d'un journal. Les missionnaires doivent y consigner non seulement les évènements mais tout ce qu'ils apprenaient sur l'histoire et les coutumes des populations, la géographie, la faune, la flore, tous les éléments susceptibles en définitive de rendre des services véritables au monde savant […] sur le plan culturel, une enquête minutieuse devait porter sur les traditions orales* » (F. Renault 1992: 37).

La particularité de leur apostolat (en milieu totalement étranger) et la précision de ces directives (ce ne sont pas les seules ; voir Dirèche-Slimani 2004) ont fait de ces missionnaires de très fins observateurs et d'excellents connaisseurs de ces sociétés au sein desquelles ils ont souvent séjourné durant de longues années. Ceci explique l'intérêt considérable de ces archives pour la connaissance de la société et l'histoire récente des régions qu'elles décrivent.

Pour les trois régions berbérophones, outre les études et monographies, les principaux documents exploités et analysés ici sont des chroniques et rapports (*Cf.* liste en annexe) que les missionnaires adressaient régulièrement (tous les trimestres, puis tous les ans) à leurs supérieurs ; ces chroniques[8] et rapports fourmillent de données ethnographiques, historiques… De plus, analysés sur la longue durée, ces documents permettent de rendre compte – pour la Kabylie en raison de l'abondance du matériau – de tout un processus de changement.

Les données recueillies et analysées ont été organisées autour des axes suivants:

– La Kabylie à la fin du XIXe siècle.
– Réactions face aux conversions, face à l'école.
– Données relatives aux Aurès et au Mzab.
– Eléments de comparaison Kabylie / Aurès / Mzab.

---

[8] Ces chroniques trimestrielles, qui à partir de 1903 se transforment en « Rapports Annuels », sont élaborées à partir de diaires c'est-à-dire de comptes rendus quotidiens rédigés dans chaque poste de mission. Dans ces diaires est relatée dans le détail la vie de la mission et partant, celle de l'endroit dans lequel elle est implantée ; à titre d'illustration, voir l'extrait du diaire de Ghardaïa (1884) joint en annexe.

DOCUMENTS D'ARCHIVES EXPLOITÉS.

Chroniques et Rapports

- Chronique de la Société des Missionnaires d'Afrique (Pères Blancs) de 1878 à 1945. Cette chronique[9] à été exploitée systématiquement dans ses parties relatives à la Kabylie, et aux Aurès.

- Chronique de la Société des Missionnaires d'Afrique (Pères Blancs) : chronique Sahara de 1879 à 1959. Cette chronique a été exploitée dans sa partie relative au Mzab seulement jusqu'en 1924.

- Mission d'Afrique. Bulletin périodique tome II (Pères Blancs) de juillet 1875 à octobre 1878. Ce document a été exploité dans sa totalité.

- Chronique des religieuses missionnaires de Notre Dame d'Afrique (Sœurs Blanches). Les parties relatives à la Kabylie et au Mzab ont été exploitées de 1900 (date du début de la chronique) à 1930.

Ouvrages

- Père Sivignon : *Au Djurdjura*, 1892.
- Père Caillavat : *Mœurs et coutumes kabyles*, 1905.
- Père Brun : *Berbères et Arabes*, 1910 (manuscrit).
- Frère Rogatien : *Réponses au questionnaire pour guider les observations sociologiques sur la famille chez les indigènes d'Afrique*, Ouarzen, le 27 novembre 1935 (manuscrit).

---

[9] A partir de 1903, cette chronique se transforme en « Rapport annuel ». La numérotation des pages retenue pour les citations qui figurent dans ce travail est la numérotation originale ; elle est imprimée en noir sur les chroniques.

CHAPITRE I

La Kabylie à la fin du XIXe siècle

Photo 02. *Kabylie*: Ornementation des maisons (1939-1946)

Sur le plan strictement descriptif, l'intérêt de ces archives réside dans le fait qu'elles présentent un tableau précis de ce qu'était la Kabylie à la fin du XIXe siècle. Le premier poste de mission a été ouvert en 1873[1] à Taguemount Azzouz, très peu de temps après l'écrasement de l'insurrection de 1871 (El-Mokrani – Aheddad). C'est donc une région encore en convulsions que ces archives décriront au jour le jour, par le menu détail. Le matériau, très abondant, couvre tous les aspects de la vie sociale : institutions, domaine juridique, pratiques sociales, rituels, croyances *etc.* ; une exception est à relever : il s'agit de la *langue* pour laquelle les travaux seront globalement plus tardifs[2], puisqu'ils seront essentiellement produits dans le cadre du Fichier de Documentation Berbère (FDB) à partir de 1947. Cette importante production scientifique berbérisante ne peut évidemment pas être abordée dans ce travail d'exploration des archives de la période de mise en place des postes missionnaires et devra faire l'objet d'une analyse spécifique ultérieure approfondie.

Dans un souci de clarté, les données collectées sont regroupées autour des aspects suivants :
– Pratiques sociales et rituelles.
– Emigration.
– Violence et droit coutumier.

Des pratiques aujourd'hui disparues.

La nature de leur apostolat a mis ces missionnaires en face d'une culture qui leur était profondément étrangère. Le regard qu'ils ont porté sur la Kabylie était un regard distancié, quelques fois empreint de jugements de valeur. Ils ont donc noté, suivant en cela les directives de leur hiérarchie, tous les faits qui leur ont semblé intéressants. Nous citerons ici quelques pratiques sociales puis rituelles parce qu'elles ont totalement disparu.

---

[1] Sur l'ouverture de ces premiers postes, voir :
– Charles Robert Ageron, 1968 – *Les Algériens musulmans et la France*, tome I, PUF, p. 273 en note infra-paginale.
– J. Morizot, 1962 - *L'Algérie kabylisée*, éd. Peyronnet et Cie, Paris, p. 89.
[2] A l'exception notable des dictionnaires du Père Huyghe (kabyle : 1896/1901 et Chaouia 1906 et 1907).

◆ **L'existence de maisons pour les jeunes gens** : dans une étude sur « Les mœurs, coutumes et pratiques des tribus de Grande Kabylie », l'auteur note :

> « *Il y a dans chaque village une ou deux maisons qui se nomment 'akhkham gilmezyen*' [= axxam n yilmezyen], *la maison des jeunes gens. Le soir venu, chacun porte selon ses moyens une natte, une couverture, des burnous, du bois en hiver pour entretenir le feu…* » (chron. Pères Blancs, déc. 1889 : 77).

Le Père Caillavat revient sur cette coutume :

> « *Conformément aux coutumes et mœurs kabyles, un adulte ne doit pas coucher chez lui. Dans les tribus où les cafés sont autorisés, les jeunes gens non mariés y passent la nuit. S'il n'y a pas de café, le village leur destine une maisonnette qui est moins un abri qu'un lieu de désordre et un joli accroc à la moralité* » (Caillavat 1905 : 12).

Il s'agit donc, en fait, de dortoirs collectifs réservés aux jeunes hommes non mariés. A ma connaissance, cette coutume signalée par Fadhma Aïth Mansour-Amrouche, (1990 : 68) a totalement disparu ; elle prouve que les jeunes gens étaient traités comme une classe d'âge à part entière. C'était parmi eux que se recrutaient les *ihellalen* « groupe de jeunes qui circulent pendant les nuits de Ramadhan chantant et battant du tambourin pour éveiller les dormeurs en vue du repas » (H. Genevois 1995 : 114). C'était aussi cette classe d'âge qui fournissait les vigiles (*idem* : 115), ainsi que les *imsebblen*[3], jeunes gens qui étaient tenus de défendre le pays (*tamurt*), lorsqu'il était menacé, au prix de leur vie : la prière des morts était dite sur eux avant leur départ ; ils n'avaient donc qu'une seule alternative : vaincre ou mourir.

◆ **La fréquentation des marchés par les femmes** : cette pratique a été observée aux At-Manguellat :

> « *Beaucoup plus tolérants que les Arabes, les Kabyles permettent à quelques femmes de venir au marché* » (chron. oct. 1885. B.M. : 321). Le Père Sivignon signale : « *J'ai aussi remarqué dans les marchés kabyles un assez bon nombre de femmes, ce qui ne se voit jamais dans ceux des pays arabes* » (Sivignon 1892 : 32).

Podeur signale la même coutume dans certaines régions berbérophones du Maroc (Podeur 1995 : 31). On ne sait pas si cette pratique (aujourd'hui inconcevable en dehors des grandes villes) était attestée pour l'ensemble de la Kabylie ; si tel était le cas, l'exclusion des femmes

---

[3] *Imsebblen* : (Lacoste-Dujardin C., 2005 : 187).

de cet espace public par excellence serait une conséquence de la conquête française, probablement liée à l'insécurité, alors que les marchés, traditionnellement, jouissaient d'une protection sacrée, *laɛnaya* (Abrous 1988 : 633).

◆ **La couture était une activité exclusivement masculine** jusqu'à la fin du XIXe siècle. Ces archives le confirment expressément. Le Père Sivignon décrit certains hommes à la djemâa comme :

> « *Occupés gravement à broder les habits des dames, leurs épouses, car jamais aucune femme kabyle n'a touché une aiguille.* » (Sivignon 1892 : 29).

Cette information est confirmée par les Sœurs Blanches :

> « *Ce sont les hommes qui cousent en Kabylie. Il n'en est cependant pas ainsi dans les ménages chrétiens où la mère de famille remplit le même rôle et se charge des mêmes soins que dans nos pays civilisés* » (Sœurs Blanches, janv. 1901 : 213).

Dans ce domaine de l'habillement, les chroniques contiennent des indications précises sur les costumes féminins et masculins de la fin du XIXe siècle. Il est probable que les nombreux ouvroirs tenus par les Sœurs Blanches (mais aussi l'émigration massive des hommes) aient contribué à modifier la répartition des tâches et les pratiques liées au vêtement ; on sait que les ouvroirs ont contribué à la modification du costume féminin, le faisant passer du drapé au cousu.

◆ Dans le même ordre d'idées, ces archives nous apprennent que certaines activités professionnelles étaient considérées comme étant propres aux Arabes :

> « *Les Sœurs ont essayé d'initier les femmes chrétiennes au travail de la vannerie fine qui a si bien réussi dans certains postes de Kabylie. Malgré leurs exhortations pressantes, les Sœurs se sont heurtées à une fin de non recevoir et la seule raison avouée de cet échec est qu'aux yeux des chrétiennes, le travail de vannerie est du travail d'Arabes.* » (Rap. an. 1924-1925, O. : 158).

◆ **Le rôle des poètes itinérants** (*imeddaḥen*) : on sait que ces poètes itinérants ont quasiment disparu en Kabylie au début du XXe siècle sous la pression de l'administration française, en particulier en raison des atteintes portées à la liberté de circulation. Ces poètes circulaient encore à la fin du XIXe siècle ; ces archives les mentionnent et expliquent indirectement les raisons de leur disparition.
Une chronique des At-Yanni souligne : « *il ne faut pas confondre les musiciens avec les ameddah's, poètes improvisateurs, gens très estimés chez les Kabyles.* » (chron. avril 1890. B.Y. : 296).

C'est le Père Sivignon qui donne des précisions sur le rôle joué par ces poètes :

> « *C'est ainsi que toutes les insurrections ont été précédées par ces missionnaires farouches et auxquels les chefs de nos armées avaient déclaré une guerre impitoyable* [...]. *Quand la guerre avait été déclarée contre le roumi* (chrétien), *allant de marché en marché, de tribu en tribu infatigable nouveau Tyrtée, il enflammait ses concitoyens de l'amour sacré de la patrie et de l'indépendance.* » (Sivignon 1892 : 38-39).

L'administration ou l'armée française avait donc de bonnes raisons de « *déclarer une guerre impitoyable* » à ces poètes et on comprend qu'ils aient rapidement disparu, alors que cette tradition de poètes itinérants est restée vivace dans des régions berbérophones moins destructurées comme celles du Maroc. Il faut remarquer cependant qu'au delà de cette rupture, le lien est resté d'une remarquable permanence entre poésie kabyle et résistance[4] : les jeunes poètes-compositeurs d'aujourd'hui, redevenus « itinérants » parce que les moyens modernes le permettent, sont de fidèles héritiers de leurs prédécesseurs du XIXe siècle ; d'autres « guerres impitoyables » leur sont d'ailleurs déclarées.

Outre ces pratiques sociales et coutumes, les chroniques signalent quelques pratiques rituelles qui, elles aussi, ont aujourd'hui totalement disparu.

♦ **Des rites de partage de viande** : la chronique d'octobre 1880, T.A. : 235, signale un rite de partage de viande nommé *tendeka*[5], consécutif à un enterrement, et précise que ce village comptait 1300 habitants. Ce rite a disparu ; de ces sacrifices ne subsiste plus que l'immolation des bœufs à l'ouverture de l'année agricole : *timecreṭ*.

♦ La pratique de ce que l'on pourrait qualifier d'**euthanasie symbolique** :

> « *C'est pour les parents aisés, une œuvre pie, digne de leur compassion que de céder à la djemâa un frêne ou un olivier pour que les esprits tutélaires*

---

[4] Sur la thématique de la résistance dans la poésie kabyle, voir :
– Benbrahim-Benhamadouche M., 1982 – *La poésie kabyle et la résistance à la colonisation de 1830 à 1962*, Thèse de doctorat de 3e cycle, EHESS, Paris.
– Chaker S., 1989 – « Une tradition de résistance et de lutte : la poésie berbère kabyle, un parcours poétique », *REMMM n° 51*, Edisud, Aix en Provence.
[5] *Tendeka* : le sens de ce mot a été cherché dans le dictionnaire de J.M. Dallet (Kabyle-Français) 1982, sous les deux racines NDK et NDQ, il n'y figure pas. Des vieilles femmes de Taguemount Azzouz questionnées sur ce terme ont déclaré ne connaître ni le mot ni la pratique. Fadhma Aïth Mansour-Amrouche, 1990 – *Histoire de ma vie*, éd. Bouchène, mentionne cette pratique pour le village de Tizi-Hibel (p. 24).

de la mosquée délivrent par la mort le malheureux qui n'a plus d'espoir de guérison, cette œuvre pie s'appelle avandou [i.e. abandu[6]]. » (chron. juillet 1892, B.Y. : 355).

Cette invocation de la mort destinée à délivrer de la souffrance n'est pas étonnante : jusqu'à un passé récent, lorsqu'un enfant était atteint d'une difformité ou d'une maladie jugée incurable, on lui faisait faire sept fois le tour du village ou d'un endroit reconnu comme sacré (il s'agit des mêmes girations que celles pratiquées pour le sacrifice *asfel*) avec cette invocation finale concise mais aussi très précise :

A Rebbi, dawi ney awi ! = « O Dieu, guéris ou emporte ! ».

D'autres documents soulignent pour la même époque l'existence de sacrifices humains (Genevois 1995 : 130 et 208)[7].

Les chroniques affirment que « *le suicide est une maladie qui n'existe pas chez les Kabyles, ils ne désirent donc pas la mort.* » (chron. janv. 1897. B.Y. : 50), mais dans une société aux conditions de vie aussi dures, il n'est pas étonnant que la mort puisse être relativisée au point d'être perçue quelquefois comme une issue, une délivrance[8]. Une autre pratique vient confirmer cette attitude face à la mort : il s'agit de l'infanticide.

◆ **Les infanticides**[9] : les missionnaires mentionnent souvent des cas d'infanticide lorsque les enfants sont jugés inaptes à la vie :

« *L'enfant difforme n'est point jugé digne de vivre. Que d'enfants étouffés ou privés du sein maternel et condamnés à mourir d'inanition.* » (chron. Pères Blancs, janv. 1888 : 192).

---

[6] *Abandu* : ce mot, bien que tombé en désuétude, est encore attesté comme un archaïsme (Dallet 1982 : 29) ; il signifie : « propriété immobilière indépendante du sol » (exemple frêne, olivier, figuier indépendamment du sol). Ce mot a aussi le sens (non noté par Dallet) de « averse », sans rapport apparent avec le sens précédent.
[7] Le premier récit (p.130) est relaté sur le mode de la légende. La langue garde des traces de cette idée de sacrifice humain : lorsque quelqu'un meurt alors que le groupe auquel il appartient (famille, village…) parvient à écarter un fléau, une catastrophe on dira : *teswa-d s uqerru-s* : « elle (*i.e.* la terre) a été désaltérée au prix de sa tête », l'expression étant à l'origine liée à la sécheresse – Lorsque le souvenir de ces sacrifices est évoqué, c'est par le terme *asfel* qu'ils sont désignés. Cette symbolique du sacrifice est très présente dans le premier roman de Rachid Aliche, 1981 – *Asfel*, Editions Fédérop. Mussidan.
[8] Voir le dictionnaire de J.-M. Dallet – *Lmut* : La mort. *lmut t-tamaṣṣart, akal d aḥbib yettyummu* : « la mort délivre des hontes, des infirmités, des malheurs, la mort est protectrice, la terre est une amie, elle couvre » (Dallet 1982 : 525).
[9] Infanticide (Lacoste-Dujardin C. 2005 : 188-189). Les qanuns kabyles punissaient l'infanticide (Hanoteau et Letourneux 2003, t. III : 47-49, 146).

> « *Une statistique à propos d'une malheureuse qui a étouffé aujourd'hui sa fille. La mère d'une de nos chrétiennes déclare avoir connu en vingt-cinq ans plus de cent femmes coupables de ce crime et elle les nomme. Pour un village de six ou sept cents âmes, c'est beaucoup. Quant à l'avortement, il se pratique sur une plus grande échelle.* » (chron. avril 1897, O. : 221).

Dans son récit autobiographique, Fadhma Aïth-Mansour-Amrouche, écrit :

> « *De désespoir, ma mère me plongea dans une fontaine glacée. Mais je n'en mourus pas* » (Fadhma Aïth-Mansour-Amrouche 1990 : 26).

Elle devait avoir trois ans.

Cette pratique, dont nous ne pouvons pas mesurer l'étendue faute de données chiffrées plus précises, soulèverait aujourd'hui une profonde réprobation ; dans le contexte de l'époque, elle n'a rien d'étonnant : elle constitue un passage à l'acte lorsque la sélection naturelle tarde à opérer. Qu'elle ait pu toucher en particulier les petites filles n'a rien d'étonnant non plus dans une société où, encore de nos jours, la naissance d'une petite fille est vécue comme une véritable calamité.

♦ **Existence de récoltes sacrées** : le travail de la terre a toujours été empreint d'une certaine sacralité chez les Berbères sédentaires et cultivateurs, l'agencement du calendrier agricole, les différents rites liés au travail de la terre (*timecreṭ, anẓar*…) sont là pour le prouver. Toutefois, à ma connaissance, peu de travaux ont souligné l'existence de récoltes sacrées. Ce fait a, de nos jours, totalement disparu. Ces archives le signalent une seule fois :

> « *Dans une excursion à Icherriden, deux Sœurs remarquent que la rue principale du village est ombragée par une vigne qui forme une gracieuse toiture verte. Les habitants racontent que les fruits de cette vigne, à la récolte, sont portés devant l'Amin qui les partage entre toutes les familles. Aussi, cette récolte a-t-elle un caractère sacré et les Kabyles sont persuadés que si quelqu'un touchait à un grain de ce raisin avant le partage, il en serait immédiatement puni par quelque grave maladie.* » (chron. Sœurs Blanches, oct. 1904 : 267-268).

Il existait, jusqu'à un passé récent, un interdit sur la consommation des figues avant leur maturation, la transgression de cet interdit était punie d'amende. Jean Podeur rapporte des faits analogues pour l'arganier dans l'Anti-Atlas :

> « *Cet arbre, providence du Sud, est respecté par les indigènes […] les fruits sont récoltés à une date fixée par les assemblées des notables, le parcours du bétail en forêt d'arganier est libre pour tous, mais il est interdit de couper les arbres, voire même de récolter l'argan avant la date fixée par l'assemblée des notables* » (Podeur 1995 : 28).

♦ **Rites divers et sorcellerie** : Les chroniques mentionnent aussi çà et là quelques pratiques qu'elles attribuent aux femmes, ces « *alliées de Satan* » :

> « *Une vieille, femme de marabout [...] a dit que pour conjurer le fléau [de la variole], il suffisait d'acheter un taureau noir et de le promener sept fois autour du village. [...] à Taourirt, on a égorgé huit bœufs afin d'obtenir la cessation du fléau* » (chron. juin 1895, O. : 569).

Aucun lien avec la vaccine ! Il s'agit d'une pratique sacrificielle courante et le taureau, plus que le bélier, est l'animal du sacrifice par excellence dans le monde berbère. Cette observation montre aussi à quel point les marabouts, en principe dépositaires de l'orthodoxie, ont dû s'adapter aux mœurs du pays.

Enfin la chronique d'avril 1894 signale quelques pratiques de sorcellerie telle que celle qui consiste à « *faire descendre la lune* », « *Il semble que cette pratique détestable a lieu réellement !* » ajoute l'auteur qui décrit ces femmes comme « *des sorcières qui intriguent avec l'esprit du Mal* » (chron. avril 1894, B.I. : 261).

Cette pratique est encore évoquée par certaines femmes qui la redoutent car, disent-elles, la lune n'accepte de « remonter » que si on lui sacrifie un être cher. Slimane Azem[10] fait allusion à cette pratique sur le mode de l'humour, à propos de la compétition américano-soviétique dans l'espace !

Neɣra-t-id deg jernanen	Nous l'avons lu dans les journaux
La qqaren ṣnaan-d amutur	Ils auraient conçu un engin
Deg genni zemren ad afgen	Dans le ciel, ils pourraient voler
Alamma lehqen s aggur	Jusqu'à atteindre la lune
Nugad biṭ a t-id-ɣedlen	Nous craignons même qu'ils ne l'abattent
Ad fell-aneɣ d-fflen lebḥur	Et qu'alors nous submergent les mers.

La « connivence » entre les Berbères et la lune (mais aussi avec le soleil) est ancienne. Gabriel Camps la signale dans un article consacré à l'animisme (*Encyclopédie Berbère*, V : 667) et Charles de Foucauld rapporte le contenu d'une prière adressée par les Touaregs à Dieu à l'occasion de la nouvelle lune (Foucauld 1984 : 293).

---

[10] Slimane Azem – *Izlan, recueil de chants Kabyles*, édité par Numidie Music non daté (paru avant la mort de S. Azem survenue en 1983). Vers extraits du poème : *Amek ara nili susṭa* (p. 64) traduit par « Jeux de vilains ». La notation a été reprise telle quelle, la traduction a été légèrement modifiée à partir du vers 3.

Photo 03. *Kabylie :* peintures murales (1939-1946).

UNE DIASPORA TENTACULAIRE.

On sait que l'émigration temporaire[11], et en particulier le colportage, était en Kabylie une activité économique ancienne et indispensable à la survie de la région : une activité tellement vitale qu'elle avait servi de moyen de pression efficace, aussi bien aux Turcs qu'aux Français, pour venir à bout de la résistance kabyle. Les Turcs, écrit Sivignon (1892 : 15) :

---

[11] Sur la fonction économique de cette ancienne émigration temporaire voir J. Morizot, *L'Algérie kabylisée*, Ed. Peyronnet et Cie, 1962 (notamment de la page 49 à la page 60).

> « *pour recouvrer l'impôt, en étaient réduits à fermer les portes d'Alger où les Kabyles se rendaient en grand nombre pour vendre les produits de leur industrie ; ainsi emprisonnés, ils n'étaient rendus à la liberté qu'autant que les tribus auxquelles ils appartiennent avaient satisfait aux exigences des pachas* ».

Les Français cerneront et affameront la région pour pouvoir enfin la conquérir. La conquête de ce dernier îlot de résistance (la région portait sur les cartes françaises le nom de « Kabylie indépendante » jusqu'en 1857) était perçue comme une nécessité impérative par l'administration française qui interdit l'émigration vers la plaine :

> « *Les Kabyles cernés dans leurs montagnes et dont la vie ne pouvait se passer de la migration vers la plaine et la ville, se battront longtemps avant de se soumettre* » (Nouschi 1973 : 273).

Cette émigration masculine kabyle, qui n'est pas encore l'émigration massive et ouvrière vers la France, est mentionnée dans une douzaine de chroniques. Ce matériau nous donne des indications assez précises sur la localisation de cette émigration mais aussi et surtout sur ses caractéristiques. Elle était en fait assez complexe car elle ne se réduisait pas au colportage. Ces chroniques signalent la présence de Kabyles dans les Aurès, dans le Mzab, à Touggourt, outre-Méditerranée et outre-Atlantique comme nous le verrons plus loin. Ils peuvent être :

– Marchands : « *Les Kabyles marchands qui sillonnent le pays en tous sens racontent aux Chaouis que nos confrères de Kabylie ont gagné à la religion de Jésus-Christ la plupart des Kabyles* […]. *S'ils n'y prennent garde, la même chose arrivera dans l'Aurès* » (chron. avril 1899, Arris : 159).

– Armuriers : ils semblent avoir exercé cette profession en particulier dans le Mzab. La chronique d'avril 1885 (Ghardaïa : 199) signale un certain « *Aly Ben Adjaoud armurier kabyle établi à Ghardaïa depuis une dizaine d'années* ». Il est aussi question d' « *un changeur kabyle, armurier de profession* » (chron. avril 1893 : 299).

Les chroniques ne donnent pas de statistiques, mais les Kabyles sont souvent mentionnés au Mzab, il est donc probable qu'ils s'y soient trouvés en assez grand nombre. Outre le métier d'armuriers, ils y vendent aussi de l'huile ; le diaire d'avril 1884 signale :

> « *Plusieurs Kabyles viennent nous voir ; deux d'entre eux ont l'intention de s'établir au Mzab pour fabriquer du savon ; l'huile se vend à 1F 20* » (diaire de Ghardaïa, avril 1884, volume dactylographié : 11).

Quant aux régions dont sont originaires ces Kabyles, il est souvent fait référence aux « Béni-Abbès » (*At-Ɛebbas*).

Enfin, cette émigration se prolonge Outre-Méditerranée et Outre-Atlantique ; pour ces lointaines destinations, une mention spéciale est réservée aux At-Yanni : la chronique de juillet 1895 signale déjà que ceux-ci :

> « *sont à l'affût de toutes les bonnes occasions pour se faire quelque argent. Les expositions universelles ou internationales sont pour eux des occasions de choix [...]. L'Océan Pacifique ne les arrête pas. Chicago a possédé un bon nombre de Béni-Yenni l'année dernière ; Londres, Anvers, Amsterdam, l'Allemagne, l'Italie, la France les voient toujours arriver en foule dès qu'une exposition s'ouvre dans ce pays.* ». (chron. juillet 1895, B.Y. : 414).

Une autre chronique rapporte les mêmes faits :

> « *A peu près tous les hommes sont absents, c'est la saison des voyages en Algérie, en France et jusqu'en Amérique. Ceux qui restent sont peu nombreux et la plupart ont déjà fait leur tour d'Europe.* » (chron. octobre 1904, B.Y. : 34).

Pour ces longs parcours, la médaille d'argent, et ce serait la plus haute distinction, revient donc aux At-Yanni. Dans ces lointains pays, ils vont exposer et vendre les produits de leur artisanat : les armes, bien que leur fabrication soit sévèrement contrôlée depuis l'insurrection de 1871, mais aussi et surtout les bijoux.

A tout ce qui précède, il faut ajouter les nombreux départs pour la campagne de Madagascar (1895-1896) signalés par les chroniques (ex : octobre 1895, I.A. : 266) ; on comprend alors à quel point cette fin de siècle, rompant avec les parcours traditionnels, « envoie » les Kabyles « aux quatre coins du monde ».

Toutes les formes d'émigration relevées jusqu'ici – excepté l'enrôlement pour la campagne de Madagascar – peuvent être considérées comme une extension de la pratique du colportage ; même si les distances parcourues sont plus grandes, nous sommes en présence du même type de migration : masculine, temporaire et d'un apport indispensable pour l'équilibre économique de la région.

Mais – et c'est en ce sens que cette fin de siècle constitue un moment charnière – dans le même temps, les chroniques signalent le début d'une émigration familiale à l'intérieur de l'Algérie[12]. Ce nouveau type d'émigration servira de prélude à l'hémorragie qui drainera des milliers de Kabyles vers la France et constitue l'indice le plus net de la rupture des grands équilibres économiques et sociaux. En bref, cette nouvelle forme de migration est la conséquence directe de la répression de l'insurrection de 1871 :

---

[12] C'est à partir de 1900 que J. Morizot situe la fixation des colporteurs kabyles dans leurs anciennes zones d'action : « *L'implantation à demeure des colporteurs zouaouas dans les régions colonisées semble s'être généralisée vers 1900* ». (Morizot 1962 : note infra-paginale : 82).

> « *L'administration française retire plus de la Kabylie que ce pays ne produit. Nous le constatons facilement autour de nous, la fortune s'en va malheureusement et les personnes aussi.* ». (chron. avril 1894, B.I. : 263).

La même chronique précise : « *une cinquantaine de familles a quitté la tribu pour émigrer* ».

Entre la fin du XIXe siècle et le début du XXe, la misère sévit partout en Kabylie, plusieurs chroniques le soulignent :

> « *La misère sévit dans notre tribu. La provision d'orge et de figues est épuisée chez beaucoup de familles. On vit alors d'herbes ou du fruit de ses rapines.* » (chron. juillet 1903, O. : 168).

On peut, sans exagérer, affirmer que la répression de l'insurrection (séquestres, impôts de guerre, déportations...) a mis la Kabylie « à genoux ». Cette misère qui poussera vers une nouvelle forme d'émigration jouera aussi, nous le verrons plus loin, un rôle déterminant dans les conversions.

Cette aggravation de la misère a même inspiré à certains administrateurs une politique de « déportation » :

> « *La population s'accroît en Kabylie d'une façon inquiétante vu la modicité des ressources que les Kabyles tirent de leur montagne, le Gouvernement se préoccupe de savoir s'il n'y aurait pas quelque chose à faire pour faciliter la vie à une population qui dans un certain nombre d'années sera considérable et à qui il sera matériellement impossible de vivre sur place* [...]. *Certains administrateurs ont proposé que toutes les familles qui ne justifient d'aucun moyen de subsistance soient déportées, dans des endroits de l'Algérie peu peuplés comme certaines régions du département de Constantine et là, elles recevraient des concessions à exploiter* ». (chron. janvier 1904 T.A. : 20).

Au-delà du souci de « faciliter la vie » à cette population, ce projet pouvait avoir deux objectifs complémentaires :

– Coloniser certaines régions d'Algérie en utilisant des Kabyles qui, une fois acculturés pouvaient servir de relais : « *Comme Aucapitaine, ce kabylophile sincère* [J. Liorel] *allait jusqu'à parler d'une colonisation par les Kabyles. Les Kabyles seraient l'élément colonisateur par excellence que nous devrions employer pour faire de l'Algérie une véritable France.* » (Ageron 1968, Tome I : 277).

– Vider un tant soit peu la région (le terme de « déportés » figure explicitement dans ce texte) pour venir à bout d'une résistance larvée mais constante, comme nous le verrons plus loin. La grande densité de population a toujours constitué (et a toujours été perçue comme) un facteur de résistance dans la région.

Ce projet n'a jamais été concrétisé et si tel avait été le cas, il aurait sans doute suscité une vigoureuse réaction de la part des colons.

Il faut ajouter à ce tableau deux mouvements migratoires sur lesquels ces archives ne livrent aucune donnée : il s'agit des déportations en Nouvelle Calédonie consécutives à l'insurrection de 1871 et de l'exil volontaire en Syrie dû aux mêmes raisons (Ageron 1968, t. II : 1080-1081). Pour ces deux derniers courants, les départs furent définitifs.

On observe donc à la fin du XIXe siècle, un mouvement migratoire complexe : à la différence du colportage traditionnel sur lequel la société exerçait des mécanismes de régulation anciens et efficaces, les nouvelles formes de migration nées de la conquête française constituent des indices de fissures dans l'édifice social.

Les courants les plus récents enfin, parce que plus massifs, finiront par recouvrir ces formes migratoires anciennes. Les chroniques évoquent en particulier les effets des départs vers la France. Il y a bien sûr les changements classiques que tous les historiens de l'émigration ont parfaitement analysés (modes vestimentaires, pratiques alimentaires, rapport au travail *etc.*). Les chroniques les mentionnent dans le détail (voir Rap. An. 1915, O. : 61) ; elles signalent aussi assez tôt comment les expériences vécues en émigration ont aiguisé le sens critique des émigrés kabyles : ceux-ci ont, par exemple, pu suivre les remous qui, au début du XXe siècle, ont amené, en France à la séparation de l'Eglise et de l'Etat, ce qui eut des effets immédiats sur leur attitude vis à vis des missionnaires :

> *Les indigènes ici sont au courant de ce qui se passe en France relativement aux congrégations. Un grand nombre d'entre eux étaient en France l'été dernier, ils virent l'exode de beaucoup de religieux et, de retour chez eux, ils se mirent à dire que notre départ n'était plus qu'une question de jours, ce que plusieurs croient en effet* » (Chron. 1er trimestre 1903, T.A. : 163).

Les chroniques de novembre 1903 (p. 127) et d'octobre 1904 (p. 34) le signalent pour les At-Yanni mais globalement tous les postes de Kabylie ont eu à subir les retombées des lois françaises sur les congrégations.

D'une manière générale, les missionnaires pensent que :

> « *Au point de vue moral, il semble que les Kabyles n'aient pas grand chose à gagner à fréquenter la France. Ils sont très travaillés par la propagande communiste et reviennent avec des idées révolutionnaires. Ils ont appris l'art de faire la grève. Dans une mine voisine, les Kabyles ont fait grève pendant un mois et demi et les meneurs étaient des gens qui revenaient de France* » (Rap. An. 1924-1925, Kherrata : 179).

Progressivement, l'émigration vers la France, puis l'exode massif vers les grandes villes d'Algérie après 1962, n'obéiront plus à aucun mécanisme de régulation ; ils seront l'indice non plus seulement d'une fissure mais d'une véritable fracture ; on sait aussi que c'est dans cette rupture et dans ce creuset que s'est constituée, pour une part, la Kabylie d'aujourd'hui.

La violence en toile de fond.

La Kabylie, telle que la dépeignent ces archives à la fin du XIXe siècle, est une société violente. Cette violence est multiforme : elle est interne, mais elle est aussi dirigée contre l'administration française ; sous cet angle-là sera également analysé le problème du port d'armes car il constitue pour cette période, un aspect significatif de ce rapport à la violence.

Cette violence interne, c'est à dire celle qui oppose les Kabyles entre eux, correspond à celle qu'a toujours connue le monde berbère. Cette violence structurelle, rigoureusement régie par le code de l'honneur, est un des aspects les mieux connus et les mieux analysés (Montagne, Berque, Favret, Bourdieu, Claudot et Hawad, Jamous…). La description qu'en donne Robert Montagne pour le Haut-Atlas marocain pourrait être généralisée à l'ensemble du monde berbère :

> « *Ici encore, les causes de la guerre sont futiles : injures adressées aux femmes qui ramassent le bois aux limites du pays, querelle de pâturage, vol dans un souk suffisent pour réveiller le souvenir de discordes anciennes et dressent pendant plusieurs années les 'Indghetit' contre les 'Imsifern', les 'Aït Atman' contre les 'Aït Iraten'. Les combats d'ailleurs ne sont pas meurtriers. Les guerriers se rendent en un lieu consacré par la tradition pour vider les querelles et ils échangent indéfiniment des coups de feu. Il est exceptionnel qu'une alliance puissante réussisse à vaincre brusquement une république ennemie ; dans ce cas un village est détruit, mais les femmes et les enfants sont toujours épargnés* » (Montagne 1930 : 233).

Il faut préciser que cette violence interne ne remettait pas en cause la cohésion sociale. Les premiers observateurs français – des militaires tenus pour des raisons tactiques, d'analyser de très près ce phénomène – l'ont compris dès la conquête de la Kabylie. C. Devaux a consacré à cette question tout un chapitre (Devaux 1859 : 43 à 54) ; après avoir décrit les Kabyles comme des « *Natures orgueilleuses, sensibles à l'insulte et ardentes à la vengeance* » (p. 43), il s'était demandé « *comment une pareille société a pu se maintenir forte et vivace malgré [cet] état de guerre incessant* » (p. 43). La réponse se trouve dans la description très précise qu'il fait de ces guerres (inter-villageoises ou inter-tribales) et des règles qui les régissaient ; il explique, en effet, que :

– La déclaration de guerre et les affrontements (qu'il décrit par le menu détail) obéissaient à des règles très précises et explicites et que l'adversaire n'était jamais pris au dépourvu. Ces observations qui s'appuient sur les Aït Djennad et les Aït Ouaguenoun, pris comme exemple, rejoignent parfaitement celles que fait R. Montagne pour le Haut-Atlas et celles que font H. Claudot et Hawad pour les Touaregs (1982).

– Des issues (des « portes » dirait-on en kabyle) étaient ménagées au cœur des hostilités, évitant tout risque de fracture irréversible :

> « *Si l'exaspération ne s'est pas emparée des esprits, les communications continuent à exister entre les parties belligérantes. Entre les escarmouches et quelques fois pendant le combat, les femmes peuvent aller librement, mais en passant par des chemins désignés d'avance et sur lesquels règne 'l'anaya'. Quant aux hommes, ils ne peuvent se rendre dans un village voisin ennemi que pendant les trêves et sans armes, mais ils s'en soucient fort peu et préfèrent laisser aux marabouts, étrangers aux parties hostiles, le soin de régler leurs affaires* » (p. 47).

On sait que la médiation des marabouts est une « porte » qui reste toujours ouverte, quelle que soit la gravité du conflit.

> « *Quelle que soit l'excitation des combattants, une trêve est toujours accordée pour ensevelir les morts. Cette trêve se demande sans façon et s'obtient de même. A la suite d'une affaire et avant de se séparer, l'un des deux partis fait connaître à l'autre à haute voix qu'une suspension d'armes est nécessaire et en donne la raison, il lui est répondu sur le même ton et chacun se retire* » (p. 48).

Enfin, Devaux prend soin de préciser que :

> « *Les choses ne se passent pas de la même manière quand ce sont les Français qui attaquent ; alors, les femmes sont envoyées dans la montagne avec les enfants et les troupeaux car, dans le cas de la prise du village, elles seraient faites prisonnières, tandis qu'entre Kebaïles, les femmes sont toujours relâchées et, dans quel que cas que ce soit, aucune insulte ne leur est faite* » (p.50).

Ainsi donc, il y a un art de la guerre lorsqu'il s'agit de l'entre soi, ce qui n'est pas le cas de la guerre livrée à un ennemi étranger[13] et Devaux le dit très clairement :

---

[13] Pour l'aire touarègue, la nécessité de faire face à un adversaire étranger (ici les Français) avait suscité tout un débat dans lequel ont dû être renégociées les règles de l'ancien code de l'honneur. C'est ainsi que Kaosen, chef de résistance dans l'Aïr en 1917, s'adresse aux combattants touaregs : « *la guerre que nous menons n'est pas celle d'autrefois entre deux groupes touaregs pairs* […] *je ne vous demande pas d'être des lions mais des chacals* […] *Cessez de lancer des cris de guerre et des incantations d'honneur devant les balles de l'ennemi, arrêtez de vous faire des défis entre vous qui font que chacun veut précéder l'autre dans la mort* » (Claudot-Hawad H. 1990 : 35 et 36). Pour plus de précisions sur ce débat, voir l'article dont a été extraite cette citation : Hélène Claudot-Hawad : « Honneur et politique, les choix stratégiques des Touaregs pendant la colonisation française », *REMMM*, 57, 1990.

> « *Rejeté dans les montagnes par l'oppression étrangère, le Kebaïle a concentré toute sa haine sur l'envahisseur, il sera sans foi avec lui et tous les moyens lui paraîtront bons pour le repousser. Mais dans ses guerres intestines il n'agit plus de la même manière ; il se bat mais par point d'honneur et non pour conquérir. A moins de cas extraordinaire, il se bat sans haine et pour une question d'amour-propre* » (p. 43).

Ces quelques indications montrent comment le code de l'honneur, par une gestion presque ritualisée de la violence, parvenait à juguler les risques de fractures irrémédiables. Cette violence structurelle est, à quelques nuances près, commune à l'ensemble des sociétés méditerranéennes ; sa forme la plus atténuée est la joute oratoire mais elle peut aller de la rixe à la vendetta en passant par la bataille rangée. Les chroniques sont très prolixes sur tous ces aspects.

De très fréquentes rixes sont signalées en particulier dans la chronique de janvier 1887 ; il y est dit que les Kabyles « *ont généralement le caractère irascible et vindicatif* » (p. 211).

Aux Aït Smaïl, la chronique d'octobre 1893 affirme : « *on peut résumer en quatre mots ce qu'il y a eu d'extraordinaire dans la deuxième quinzaine d'août et les premiers jours de septembre : assassinats, vols, batailles, blessures* » (p. 632).

Les mêmes rixes, batailles rangées, assassinats sont signalés pour les Ouadhias (chron. juillet 1895 : 568), aux At-Yanni, aux At-Manguellat (chron. janv. 1896 : 241, 242, 243) à Tizi Hibel et Taguemount Azzouz (chron. octobre 1893 : 624).

Une chronique des Sœurs Blanches (janvier 1925 : 207) décrit même avec précision le rôle que prenaient les femmes « *des temps anciens* » dans ces batailles rangées pour stimuler l'ardeur des guerriers et les châtiments – une véritable mort symbolique – qu'elles infligeaient à ceux qui manquaient de courage.

De tous ces actes de violence, ce sont les assassinats qui semblent les plus fréquents :

> « *Série d'assassinats à Tizi Hibel et à Taguemount Azzouz* [...] *le résultat le plus clair de ces diverses descentes du Parquet, c'est que les musulmans constatant une fois de plus l'impossibilité des Roumis à punir les coupables, sont plus que jamais décidés à se faire justice eux-mêmes* » (chron. octobre 1893, T. A. : 624).

On ne sait pas si ces assassinats, signalés en assez grand nombre pour la région, s'inscrivaient dans des cycles de vendetta ou s'ils étaient une conséquence de la conquête française (– une éventuelle liquidation de « traîtres » consécutive à l'insurrection de 1871 ?).

Les données contenues dans ces chroniques (voir exemple *supra*) prouvent seulement la persistance du droit coutumier et l'incapacité de la justice française à gérer une violence dont la logique lui échappe. Cette situation semble avoir duré jusqu'au milieu des années 1930 puisque le rapport du Frère Rogatien (1935) souligne :

> « *En principe, la justice française a seule le droit de vie et de mort, mais les Kabyles n'aiment pas que les étrangers se mêlent de leurs affaires, qu'ils veulent régler selon leurs us et coutumes séculaires surtout quand leur nif est engagé. Aussi, la vendetta existe-t-elle maintenant comme par le passé. En cas de crime, la justice est souvent impuissante à découvrir les coupables que tout le monde connaît et que la famille de la victime ne veut même pas dénoncer […]. Pendant que se poursuivent d'interminables procédures, on paie des assassins à gages pour exécuter celui que la famille de la victime leur aura désigné.* » (F. Rogatien 1935 : 78-79).

De ces observations, il faut cependant se garder de tirer des conclusions et généralisations hâtives : d'autres faits indiquent une situation plus complexe ; la chronique d'avril 1890 rapporte pour les At-Yanni les faits suivants :

> « *Si un indigène après avoir été d'accord pour le prix de sa fille se dédisait pour la céder à un autre prétendant offrant une dot plus élevée, le premier acquéreur ne manquerait pas de laver dans le sang l'injure faite à son honneur. Il y a sept ans, le cas s'est présenté aux Aït Yanni entre deux puissantes familles […]. Le jour des noces, tout le monde s'attendait à une bataille mais l'autorité avait pris ses précautions, le vaincu qui avait annoncé aux juges qu'il vengerait son honneur conformément aux lois du pays, était retenu en prison (et c'est ce qu'il demandait pour ne pas être accusé de lâcheté).* » (chron. avril 1890, B. Y. : 295).

Ici, le vaincu se constitue prisonnier auprès de la justice française pour contourner, sans perdre la face, les exigences d'un code de l'honneur qui ne peut désormais plus s'exercer car ses règles commencent à être brouillées. Le paradoxe de ce fait divers, au-delà de son aspect anecdotique, est intéressant, puisqu'il signale nettement que deux systèmes juridiques (et de valeurs) connaissent leurs premières interférences.

Cette première forme de violence semble s'être essoufflée[14] à la fin du XIXe siècle pour disparaître totalement des chroniques ; la dernière chronique à l'avoir évoquée est celle des Sœurs Blanches en 1905, elle le fait de manière… prémonitoire :

> « *Le 9 octobre 1904 : grande rumeur dans le pays. Plusieurs meurtres viennent d'ensanglanter cette région et les Kabyles se racontent avec émotion que dans le village des Beni-Iraten, un prophète s'est élevé dans la personne d'un*

---

[14] On ne peut pas être totalement affirmatif sur cette disparition : il est très probable aussi que cette violence, qui fait partie du quotidien de chaque village, ait fini par ne plus étonner les missionnaires qui, de ce fait, ne la signalent plus.

bœuf[15] *qui s'est fait entendre à la tajmaït. Là, le prophète ruminant a ouvert la bouche et, parlant le langage des hommes, les a pressés de faire pénitence, les avertissant que, s'ils continuaient à voler, à calomnier et à s'entre-tuer les plus grandes calamités les attendent.* » (Sœurs Blanches, 1905 : 267).

Les exhortations du saint ruminant auraient-elles été entendues ?

Entre la fin du XIXe siècle et la première guerre mondiale, les chroniques signalent une autre forme de violence, moins meurtrière, dirigée contre l'administration française ; cette deuxième forme signifie que la résistance à l'ordre colonial n'a pas cessé avec l'écrasement de l'insurrection de 1871. Les archives ne mentionnent jamais cette insurrection, pourtant toute proche, mais elles rappellent souvent la résistance farouche que la région a opposée à la conquête française :

« *La défaite a été dure pour ces irréconciliables de vieille trempe habitués de si longue date à respirer avec leurs aigles et leurs chacals, le grand air de la liberté* ».

Suit la traduction d'un long poème kabyle consacré à cette défaite dans lequel est loué le courage de la « *puissante confédération des Aït Iraten* ». (Mission d'Afrique, Tome II, Juillet 1875-octobre 1878 : 175).

Ces mêmes At-Yiraten, parlant du Fort Napoléon, longtemps après sa construction, disaient : « *C'est l'épine plantée dans notre œil* » (*idem* p. 174).

Les actes d'hostilité vis à vis de l'administration française, sans être très nombreux, sont signalés par quelques chroniques ; ainsi par exemple, lors d'une grande fête donnée par :

---

[15] De telles « révélations » ne sont pas rares en Kabylie. Mouloud Feraoun les rapporte (à propos du sacrifice communautaire *timecret*) avec un humour si savoureux que le passage mérite d'être reproduit : « *Cela commence toujours de la même façon, Dame ! puisque le résultat est toujours le même* [...].
– *Oui, c'est bien vrai, les gens de chez nous n'ont pas rêvé. Ce sont ceux d'en face. Mais, paraît-il, là-bas, il y a mieux qu'un rêve. Une chèvre s'est mise à parler subitement. Elle engage la tribu entière à égorger des bêtes. A bon entendeur.*
– *Ce n'est pas une chèvre, c'est un nouveau-né, ses balbutiements étaient parfaitement intelligibles* [...].
– *Incroyable ! Tu dis qu'un vieux barbu est venu le répéter à la djemâa d'en haut ?* [...]
– *Non, je ne suis pas incrédule. L'année est mauvaise. Il faut comprendre. Il y a déjà la rougeole. Il y aura peut-être autre chose. Nos tamens sont responsables devant Dieu du mal qui nous guette.*
L'opinion se saisit de l'affaire ; bon gré, mal gré, il y a réunion du village pour une timechret purificatrice. A vrai dire, les femmes y sont pour beaucoup grâce à leur imagination fertile et aussi, disons-nous, parce qu'elles sont toujours messagères de Dieu ou de Satan » (Mouloud Feraoun : *Jours de Kabylie*, éd. ENAG, Alger, 1992 (réed.), p. 31-32).

> « *les Amrane* […], *anciens propriétaires du terrain de l'hôpital* […], *Monsieur l'Administrateur invité, se rend à la fête accompagné de ses deux nièces et de son secrétaire. En s'en retournant, il est victime d'une lâche agression. Un Kabyle lui lance des pierres et une de ses nièces est gravement atteinte. Il est immédiatement ordonné au Président de la tribu de conduire séance tenante tous les hommes de Taourirt en prison à Michelet* » (chron. janvier 1894, B. M. : 18).

On notera le caractère tout à fait disproportionné de la réaction de l'administration.

Outre ces agressions, la chronique de janvier 1899, T. A., signale un climat pré-insurrectionnel dans la région :

> « *Durant ce trimestre des bruits alarmants ont circulé dans nos montagnes. Les éventualités d'une guerre avec l'Angleterre ont ravivé les espérances de nos montagnards en deuil de leur vieille indépendance dont ils attendent le retour. On se croirait à la veille d'une insurrection. Aussi a-t-on cru prudent de prendre des mesures préventives à cet effet. L'autorité militaire a fait exécuter à travers les tribus des marches militaires destinées à calmer les esprits dans les centres d'agitation. Les zouaves* [sic !] *de Fort-National sous les ordres de Mr Cré, leur commandant, sont venus camper aux abords de Taguemount Azzouz et les officiers de la compagnie sont venus nous offrir les témoignages de leur sympathie. Quelques jours après, les tirailleurs de Tizi Ouzou, conduits par un Capitaine ont fait de même* […]. *Mr le Sous-préfet de Tizi Ouzou a profité de son passage à Taguemount pour se rendre compte lui-même du bien fondé de ces bruits d'insurrection* » (p. 303-304).

C'est dans les Aurès, nous le verrons plus loin, que ces débuts d'insurrection vite réprimés ont été les plus fréquents ; en Kabylie et jusqu'à la première guerre mondiale, l'administration et les missionnaires ont eu à subir un harcèlement permanent mais larvé.

Un dernier indice (politique) de cette hostilité à la présence française est donné par le développement de la propagande allemande durant la première guerre mondiale :

> « *Lanceurs de nouvelles alarmantes, semeurs d'émoi ou de mécontentement, tenants de la victoire turco-allemande et de la défaite française, prophètes aux gages de Guillaume, il y avait tout cela aux Ouadhias et bien organisé et tenace et haineux* ».

L'auteur en impute la responsabilité à « *la confrérie des Rahmanya* [qui] *solide et militante anti-française à fond – jusqu'à réciter ou chanter des prières tant privées que publiques pour obtenir du ciel l'écrasement de nos armées par celles de l'Allemagne et la Turquie – offrait en effet aux entreprises germaniques un terrain très propice et à leurs agents un recrutement aisé* » (Rap. Annuel 1914-1915, O. : 74).

Georges Elie, dans un ouvrage datant de 1923 intitulé *La Kabylie du Djurdjura et les Pères Blancs*, confirme que cette propagande proallemande et anti-française avait été active dans toute la Kabylie, et pas seulement aux Ouadhias. Entre 1914 et 1918 :

> « *Pendant son séjour à Aït Larbâa* [aux At-Yanni], *le colonel Frobenius avait fait des adeptes, rares sans doute mais qui, entretenant des doutes sur l'issue de la guerre, ébranlaient le loyalisme mal affermi de quelques uns* [...] *Des anciens, se rappelant la révolte de 1871 favorisée par nos défaites, commençaient de s'émouvoir et pareille inquiétude était elle-même un danger* » (Elie 1923 : 67).

René Vanlande rapporte les mêmes faits et précise comment en ces moments d'incertitude, l'administration fit appel aux Pères Blancs qui se firent ses alliés ; des informations lui sont livrées par un Père Blanc qui « *a très longtemps servi en Kabylie* » :

> « *Au début de la guerre* [de 1914-1918], *l'administration se montra inquiète de la répercussion que pourraient avoir en Kabylie nos premiers échecs militaires* [...] *et les vieux évoquaient les souvenirs de la grande révolte de 1871* » (p.14)
> « *Eh bien tout cela se passa parfaitement. L'administration nous fit confiance. Quoique nos effectifs fussent réduits, nous pûmes l'aider à maintenir les Kabyles dans le devoir. Sans doute, nous avons armé nos postes et nos amis indigènes car il fallait parer à toute éventualité ; mais le cœur est quelque fois plus fort que les armes. Nous avons rassuré nos fidèles, rallié les hésitants, dissuadé les hostiles, multiplié les secours* » (Vanlande 1929 : 14-15).

Après la première guerre mondiale, cette hostilité disparaîtra des chroniques pour une raison que l'on peut aisément comprendre : à partir de la création de l'Etoile Nord Africaine (1928), la lutte pour l'indépendance prendra une forme politique, se fera dans la clandestinité et d'abord dans l'émigration ouvrière en France ; elle n'est donc pas directement observable sur le terrain ; les archives, consultées jusqu'en 1945 pour la Kabylie, en tout cas n'en rendent pas compte, exception faite de deux indications :

> « *Messali-Hadj est venu faire une conférence à Béni-Douala. Les gens non en foule mais en assez grand nombre sont venus écouter et applaudir aux revendications qu'il a formulées* » (Rap. An. 1936-1937, T. A. : 218).

La dernière indication figure dans le dernier rapport consulté :

> « *Nul n'ignore que depuis notre libération, des flots d'éloquence démagogique au nom de 'liberté' et 'd'égalité' sont passés en trombe sur notre Afrique du Nord et ont réveillé le vieux sang berbère qui ne s'est jamais soumis.* » (Rap. 1939-1945 : 1).

Un dernier aspect qui touche aussi bien au problème de la violence qu'à celui des relations avec l'administration française mérite d'être évoqué : il s'agit du port d'armes. Le contrôle sévère du port d'armes consécutif à la défaite de 1871, et renforcé par le code de l'Indigénat, semble avoir été perçu en Kabylie comme une profonde offense. Pour les At-Yanni qui en produisaient, l'interdiction était double car elle concernait aussi la fabrication ; la chronique de janvier 1888 précise toutefois qu'il leur était « *possible, moyennant patente, d'en trouver en pays arabe* » (p. 194).

On mesure la profondeur de l'offense lorsque l'on sait que dans le code des valeurs anciennes, c'était le fusil, garant de l'honneur, qui faisait l'homme. C'est sans doute la raison pour laquelle ce problème revient souvent dans les chroniques. Nous citerons deux exemples :

> « *Les Kabyles doivent se trouver à Icherriden pour être témoins de la cérémonie patriotique et religieuse qui doit y avoir lieu* […]. *Monsieur le Gouverneur va, disent-ils, nous diminuer un peu les impôts et nous accorder à tous, le port d'armes. S'il nous accorde cela, ajoutent-ils, nous demandons tous à être soldats comme les Français.* » (chron. novembre 1895, O. : 53).

Il est difficile d'établir le lien avec certitude mais à la lecture des chroniques, on se demande si la volonté de se « réhabiliter » par le port d'armes n'est pas une des raisons qui expliquerait l'engagement de contingents kabyles dès 1895 dans la campagne de Madagascar.

Aussi paradoxal que cela puisse paraître, certains hommes étaient prêts à simuler une conversion au christianisme dans le but de pouvoir porter les armes ; en témoigne cette anecdote plutôt amusante : après avoir assisté régulièrement aux leçons de catéchisme, un jeune homme dit au missionnaire :

> « *– Eh bien, maintenant tu es content de moi, je pense ? M'as-tu inscrit sur tes registres ? Est-ce que je puis dès aujourd'hui me procurer un fusil et le porter sans crainte des gendarmes ? – Au deux premières questions que tu me poses, je puis répondre affirmativement, mais à la troisième, mon brave, je répondrai que nous ne sommes pas de taille à te donner une telle autorisation. Nous, marabouts chrétiens, nous enseignons à aller au ciel, mais c'est l'administrateur qui donne des permissions de fusil. Tête de bonhomme qui promit de revenir mais ne revint plus.* » (chron. n°137, 1907, I. A. : 223-224).

Par-delà ces détours « célestes » auxquels les Kabyles s'évertuaient pour reconquérir le droit de porter les armes, ce dialogue (de sourds) annonce toute l'ambiguïté de la plupart des conversions.

CHAPITRE II

Les conversions : un processus complexe.

Photo 04. *Kabylie* : Première famille chrétienne d'Ighil-Ali

Avant d'aborder la question des conversions, il faut – pour en restituer le contexte global – évoquer une donnée sur laquelle ces archives[1] observent une extrême discrétion : il s'agit de la concurrence des missions méthodistes (anglaises et américaines) sur le terrain kabyle. Les éléments d'information relatifs à cette concurrence se trouvent donc non pas dans ces archives elles-mêmes mais dans deux ouvrages consacrés par Georges Elie et René Vanlande aux missions des Pères Blancs (*Cf. supra*). Ces deux ouvrages nous apprennent qu'en matière de prosélytisme chrétien, la Kabylie fut le théâtre d'une lutte, pacifique certes, mais d'une lutte sans merci entre les missions méthodistes et celles des Pères Blancs.

Missions catholiques, missions protestantes : luttes et enjeux

Ces deux ouvrages datent des années 1920 ; s'ils ne donnent pas d'indications sur les dates d'installation de ces missions méthodistes, ils sont, en revanche, assez explicites sur la localisation des principaux postes et sur la nature des actions entreprises par ces missions.

L'ouvrage de René Vanlande nous apprend que les missions anglaises :

> « *entretiennent des postes à Djemâa Saharidj et Mekla, dirigés par des dames avec le concours d'un pasteur. Les dons sont distribués très abondamment, mais seuls peuvent en bénéficier les indigènes qui consentent à suivre les conférences ou à assister aux réunions de prière. Cette charité qu'il faut payer au moins d'un commencement d'apostasie perd trop de sa valeur dans l'esprit des populations. Aussi ces missions ne recueillent-elles généralement que les individus tombés dans le plus complet dénuement et les quelques conversions obtenues demeurent assez précaires* » (Vanlande 1929 : 150)

Quant aux missions américaines, leur siège est à Alger ; en Kabylie, elles ont ouvert des postes à « *Taharourt (Tabarourt ?) et Taamoust, douar Zekri, Aghrib et Fréha, Fort-National, aux Ouadhias, à Sidi Aïch et Ilmatten* » (Vanlande 1929 : 152, 154, 158, 159). Outre l'abondance des dons, financés par « *l'or de l'Amérique* » (Elie 1923 : 73), les

---

[1] Dans les documents analysés, l'activité des missionnaires protestants est évoquée explicitement une seule fois dans la chronique du 4ᵉ trimestre 1900 pour le poste des Ouadhias : « *Un autre jour, un missionnaire protestant vient prêcher Jésus dans les villages de notre tribu. Comme il parlait dans une tajmaït, un néophyte l'interrompit et lui dit : « Excusez, Monsieur, j'ai l'honneur de vous faire remarquer qu'ici, nous sommes nombreux à suivre le chemin de Sidna Aïssa. Les Pères nous parlent de notre Seigneur aussi bien que vous* » » (chron. 4ᵉ trimestre 1900, O. : 41).

missionnaires disposent d'un atout précieux : ils sont « *d'autant plus agissants qu'ils parlent la langue du pays* » (Vanlande 1929 : 162).

L'action de ces missionnaires est prise très au sérieux – Vanlande lui consacre de longs développements – car par-delà le salut des âmes kabyles, l'enjeu réel de cette concurrence est « le prestige de la France » : la lecture qu'en font Elie et Vanlande ne laisse aucun doute sur ce point.

> « *Hier* [entre 1914 et 1918], *c'étaient les Allemands, nos ennemis avérés qui, sous nos yeux, préparaient ouvertement le soulèvement de nos tribus ; aujourd'hui, ce sont nos amis qui, avec le même sans-gêne déconcertant, travaillent à nous supplanter dans l'esprit de nos sujets musulmans [...] Croire la question religieuse seule en cause serait bien naïf et il serait téméraire de fermer les yeux sur le danger des menées méthodistes. Elles sont d'autant redoutables que l'or de l'Amérique les soutient abondamment et que les meilleurs défenseurs de la cause française, les Pères Blancs tout juste tolérés par l'Etat, ne disposent que des maigres subsides de la charité privée. L'odieuse puissance de l'or a déjà fait des vides dans le rang des néophytes.* » (Elie 1923 : 73).

René Vanlande, qui semble avoir été chargé d'enquêter sur ces missions méthodistes, est encore plus explicite :

> « *L'ascendant de ces missionnaires est d'autant plus agissant qu'ils parlent la langue du pays et qu'ils paraissent partager leurs* (*i.e.* des « indigènes ») *espoirs d'une libération et de la fin du joug français.* » (Vanlande 1929 : 162).

La conclusion de Vanlande est sans ambiguïté :

> « *Incontestablement, les missions méthodistes américaines dans leur ensemble exercent en Kabylie une influence préjudiciable aux intérêts français.* » (Vanlande 1929 : 166).

Dans cette concurrence à l'évangélisation qui eut pour enjeu la Kabylie, ce furent les Missionnaires d'Afrique (Pères Blancs et Sœurs Blanches) qui s'imposèrent : ils furent en effet à l'origine de l'essentiel des conversions[2].

---

[2] La documentation consultée ne permet pas de préciser jusqu'à quelle date ces missions protestantes ont continué à exercer en Kabylie ; un article paru dans la presse algérienne (*Le Soir d'Algérie* du 19 mars 2000) intitulé « *Ces Algériens devenus chrétiens* » signale un mouvement de conversion au christianisme '*qui a commencé de façon significative au milieu des années 1980 pour connaître son apogée avec le début de la dernière décennie* (*i.e.*1990)'. Des communautés de confession chrétienne, de rite protestant sont signalées « *à travers de nombreuses villes et villages de Kabylie qui s'ajoutent à d'autres groupes constitués à Sétif, Batna, Alger, Oran, Djelfa* » Le poste des Ouadhias a servi de lieu de rencontre pour la « *Première rencontre de la jeunesse chrétienne Algérienne du 12 au 16 juillet 1999* » (*Le Soir d'Algérie, op. cit.*). La presse algérienne a consacré quelques articles à ce récent mouvement de conversions. Une approche historique permettrait de savoir si ce sont les mêmes missions (anglaises ? américaines ?) qui ont continué à exercer ou s'il s'agit d'un redéploiement récent (dans les années 1980) qui aurait réinvesti en particulier la Kabylie.

Il faut préciser que ce travail ne prétend pas consacrer une analyse exhaustive à cet aspect, analyse qui a déjà été faite par Karima Slimani-Dirèche (1987 et 2004). Cependant, l'apostolat étant l'activité principale des missionnaires, les données relatives aux conversions sont très abondantes. Dans ce travail, c'est surtout la réaction aux conversions qui sera analysée (comme le sera plus loin, la réaction à l'Ecole). Les données recueillies ont été, après dépouillement, regroupées autour des axes suivants :
- Rapports avec les missionnaires
- Moyens utilisés pour les conversions
- Situation des catéchumènes et des convertis
- Cas de syncrétisme
- Obstacles à la conversion.

Avant de développer ces différents aspects, un fait intéressant mérite d'être souligné : le regard que portent ces missionnaires sur la Kabylie écarte totalement le prisme du « mythe kabyle » pourtant dominant à l'époque ; on ne retrouve nulle part trace du cliché du « *bon Kabyle démocrate* ». La « *tiédeur religieuse* » des Kabyles – lorsqu'elle est soulignée – ne « milite pas en leur faveur » : cette tiédeur ne concerne pas seulement l'islam mais le fait religieux en général, elle ne les rend donc pas plus accessibles à la conversion ; quant aux espoirs de (re)christianiser la région, ils se sont heurtés à de sérieux obstacles qui, très tôt, ont dissipé toute illusion. Si le discours autour du « mythe kabyle » a pu avoir prise sur la hiérarchie ecclésiastique[3], force est de constater que ces missionnaires, en contact étroit avec le terrain, ont porté dès le départ un regard réaliste et lucide sur la région, ne se faisant aucune illusion sur la docilité des populations qu'ils avaient pour mission de convertir. Ils étaient parfaitement informés de la résistance que la région avait opposée à la conquête française et, avant les Français, au pouvoir turc (*Cf. supra*).

Très tôt, les chroniques retracent l'histoire de la région depuis l'Antiquité, y relèvent le caractère belliqueux des Kabyles et surtout leur farouche esprit d'indépendance (voir la chronique d'octobre 1889, B.I. : 69-71).

Dans un portrait qu'il dresse du Kabyle, le Père Sivignon (1892 : 22) affirme :

---

[3] Sur tous ces problèmes liés à la stratégie du Cardinal Lavigerie en matière d'évangélisation – la Kabylie y figure en bonne place – et aux rapports complexes qu'il entretenait avec les autorités militaires et administratives françaises en Algérie, voir François Renault, *Le Cardinal Lavigerie 1825-1892* : l'Eglise, l'Afrique et la France, Fayard, 1992. Voir aussi : A. Pons, *op. cit.*.

> « *Il a l'amour de son pays jusqu'à l'exaltation, se moque de notre civilisation et de tout ce qu'elle comporte* ».

Ce portrait rend bien compte de ce que furent, au moment de l'ouverture des postes, les rapports entre les missionnaires et la population kabyle.

Des rapports houleux.

Sur le choix des villages dans lesquels ont été installés des postes de mission et sur les contacts et démarches entreprises, les archives consultées ne livrent aucune indication[4] ; à ce sujet, François Renault (1992 : 277) souligne que :

> « *Des demandes parvinrent de certains villages en vue de l'établissement des missionnaires chez eux. On ne peut connaître leur nature exacte car les textes eux-mêmes n'existent plus : il est beaucoup plus probable d'ailleurs qu'elles furent transmises oralement. C'est Lavigerie qui en fait état dans ses correspondances et on a parfois évoqué à son encontre de soi-disant requêtes, dont il aurait exagéré la valeur. En fait, la situation des villages kabyles était telle qu'ils n'auraient pu s'y établir, encore moins demeurer sans l'accord de la djemâa* ».

Le premier poste ouvert fut celui de Taguemount Azzouz en 1873, c'est-à-dire au lendemain de l'écrasement de l'insurrection de 1871.

L'installation de ces missionnaires – présence pacifique mais perçue comme suspecte parce que liée à l'ordre colonial – souleva dans tous les postes des réactions d'hostilité violente, allant du vol jusqu'à la tentative d'assassinat ; les assassinats de catéchumènes (nous le verrons plus loin) sont aussi un indice de cette hostilité.

Le vol des postes de mission est signalé à plusieurs reprises (chron. avril 1890, T.A. : 271, Ouadhias, octobre 1893 : 626 *etc.*). Les vols étaient fréquents à l'époque, les chroniques le signalent souvent ; mais vis à vis des missionnaires, ce ne sont pas seulement des actes de délinquance : ils s'inscrivent dans une position plus globale d'hostilité. Cette hostilité avant même que ne soient signalées les premières conversions, se cristallisera d'abord sur les terrains et l'eau nécessaires à la construction des postes. Aux At-Manguellat, dit la chronique :

---

[4] L'ouvrage de A. Pons (op. cité : 316 à 318) précise les dates auxquelles ont été fondés les postes de mission (entre 1873 et 1877 pour les postes des Pères Blancs, à partir de 1878 pour les postes des Sœurs Blanches) mais aucune indication n'est donnée sur les raisons qui expliquent le choix de ces villages. L'auteur souligne (page 316) : « *Nous croyons que fort peu de missions, même parmi les peuplades les plus hostiles, aient condamné les missionnaires à des débuts plus pénibles* ».

> « *les Kabyles se chauffent la tête dans la djemâa – l'un prétend que nous prenons toute l'eau de leur fontaine [...]. Et les voilà qui viennent en corps nous signifier de n'avoir plus à prendre l'eau de leur fontaine [...]. Le Père G. apprenant que les Kabyles ont menacé d'assommer quiconque prendrait encore de l'eau à leur fontaine pour la construction de l'hôpital, va trouver l'administrateur afin qu'il mette de l'ordre à cet état de choses.* » (chron. oct. 1893, B.M. : 629).

Situation identique à Ighil Ali : « *toute pierre qui doit servir à la construction du couvent des Sœurs est arrachée, un tiers même est transporté.* » (chron. avril 1894, I.A. : 259).

Il peut arriver que le conflit prenne des formes plus graves : pour la construction de l'école des Sœurs :

> « *Les gens de Tizi Hibel veulent nous empêcher de continuer l'extraction de la pierre de la carrière qui est en bas de leur village, prétextant que l'emplacement leur appartient, que nous renversons les tombes, coupons le chemin et surtout que nous cassons leurs aires. Nous leur répondons comme toujours que ce terrain est communal, que nous sommes autorisés par Mr l'Administrateur et que nous les ferons punir s'ils s'opposent à l'extraction de la pierre.* » (chron. avril 1895, T.A. : 405).

Un procès[5] s'ensuit dans lequel les missionnaires sont représentés par le Père B. Les choses ne s'arrêtent pas là, puisque la même chronique (p. 410) annonce :

> « *Six Pères ont failli tout dernièrement être empoisonnés. Des suppôts de Satan ont mis un soir une forte dose d'acide sulfurique dans le thé des Pères [...] cet horrible attentat a eu lieu à Taguemount lors de la visite du très Révérend Provincial dans ce poste* ».

Sans atteindre une telle gravité, de pareilles oppositions sont signalées un peu partout dans les postes de mission (voir Rapport annuel 1909-1910, B.I. : 92, même rapport pour I.A.) ; elles étaient prévisibles pour qui connaît l'enjeu sacré que représentait et que représente encore la terre en Kabylie, bien que celle-ci soit aride et improductive ; en être réduit à vendre sa terre était (et est encore largement) le plus douloureux des déshonneurs.

Outre ces premières réactions – viscérales parce que liées à la terre – le début des conversions suscitera une hostilité qui, sans cesser d'être violente, revêtira des formes différentes. Le refus des conversions peut se manifester d'abord par l'indifférence :

---

[5] Dans ce type de procès, on sait que les « indigènes » n'avaient jamais gain de cause : *Yewwet-iyi urumi, cetkay-as i gma-s*, est devenu un proverbe en kabyle : « Le Français m'a frappé, je me suis plaint à son frère », pour expliquer l'inutilité d'une démarche, plainte, *etc*. L'iniquité de tels procès poussait les gens à se faire justice eux-mêmes.

> « *Vous le voyez ; mon Révérend Père, aux Beni-Manguellet, nous prêchons dans le désert, c'est à dire que nous ne prêchons presque pas, faute d'auditeurs.* » (chron. juillet 1897, B.M. : 322).

Au moment où est amorcé ce travail de conversions, une lutte sans merci oppose les missionnaires aux marabouts qu'ils décrivent comme leurs « *ennemis les plus mortels* » (chron. oct. 1896, T.A. : 548). C'est une lutte d'hégémonie qui a pour enjeu le salut des âmes kabyles, elle peut même prendre des formes assez élégantes qui rappellent les joutes traditionnelles :

> « *A la djemâa, alors pleine de gens, le marabout desservant propose la discussion religieuse aux Pères occupés à converser. Le Père Supérieur réfute amicalement et victorieusement ses vieilles rengaines. Le pauvre vieux à bout de ressources, en vient à proposer de tirer au sort, à l'aide de petits cailloux, laquelle est préférable des trois religions : chrétienne, musulmane, juive. Nous lui déclarons que le sort n'a rien à voir dans une affaire aussi grave. Nous nous quittons bons amis, après avoir reçu force invitations à prononcer seulement une fois la chaada.* » (chron. avril 1897, I.A. : 226).

Cette invitation à prononcer la profession de foi – signe de conversion à l'islam – est souvent signalée par les missionnaires.

A l'extérieur de la djemâa et en dehors de ces débats théologiques, les réactions continuent à être violentes : aux At-Yanni, la maison des missionnaires est incendiée (chron. octobre 1896 B.Y. : 555). Pour la même période et pour le poste de Taguemount Azzouz, les chroniques de Juillet et d'Octobre 1896 signalent avec beaucoup de détails une hostilité très vive ; on lit même dans ces pages un certain désarroi :

> « *La haine implacable et satanique des personnes influentes du village […] nous atteint sous les formes les plus révoltantes. On tient des réunions publiques où nous sommes décriés de la plus jolie façon […]. Quant au Père Supérieur, […]. on ne s'est pas contenté de le flétrir, de vomir sur lui les plus malpropres calomnies, on est allé – nous le savons de source certaine – jusqu'à mettre sa tête à prix. Quel peuple !* » (chron. juillet 1896, T.A. : 407). « *Nous sommes persécutés […]. On crie bien haut qu'on ne veut plus de nous, qu'il faut nous jeter à la mer ; dans la djemâa, les Kabyles, tout comme des ministres plénipotentiaires, décident entre eux notre expulsion immédiate…* » (chron. oct. 1896, T.A. : 548). « *Cette hostilité s'accentue même chaque jour davantage et nous nous demandons avec une anxiété douloureuse quel en sera le dénouement […]. Cette guerre prend toutes les formes terribles ou séduisantes, on connaît les premières : railleries, insultes, haine profonde, menace d'augmentation d'impôts, menace d'excommunication, de prison, de mort, de privation d'héritage* (i.e. *pour les catéchumènes), rien ne manque.* » (chron. janv. 1897, T.A. : 38).

Le seul poste qui fasse exception dans cette levée de boucliers est celui des Ouadhias ; pour la même période, la chronique d'avril 1896 rapporte :

> « *Pâques, le nombre de ceux qui étudient notre sainte religion et sont admis à la prière publique ayant augmenté, notre chapelle est littéralement comble [...]. On offre de nous vendre un quartier à Taourirt où se trouve la plupart de nos chrétiens et de nos catéchumènes. Cette acquisition achèverait de nous implanter dans un village où on nous est on ne peut plus favorable.* » (chron. avril 1896, O. : 411 et 412).

Nous verrons plus loin que la grande misère qui a régné aux Ouadhias pendant cette période explique sans doute pour une part cette ouverture à l'action missionnaire.

Cette exacerbation de l'hostilité à ce moment précis a un sens. Elle ne se cristallise plus sur la terre : les postes de mission sont, dans leur majorité, construits ; il s'agit d'une hostilité réactionnelle, contrecoup des premières conversions. Elle signifie qu'un premier travail commence à se faire sur cette société ; même si la relation s'établit dans la violence, elle s'établit. On est, par exemple, étonné de voir les Pères admis à converser dans la djemâa alors qu'en général, les étrangers ne le sont pas. Une autre preuve (par la négative) nous sera donnée par le Mzab : le bloc mozabite puisqu'il n'a pas été entamé, n'a pas eu besoin de « sécréter » une pareille violence.

Cette hostilité ira en s'atténuant sans disparaître totalement ; l'émigration et l'école (avec des nuances que nous verrons plus loin) sont les principaux facteurs qui expliquent ce changement de position. Au début du XXe siècle, les résultats sont déjà nettement perceptibles : la première génération de scolarisés et/ou de convertis a été formé et, ils seront pour les missionnaires les premiers interlocuteurs :

> « *Ces jeunes gens plus instruits se plaisent à nous fréquenter. Pour eux l'islam est un culte démodé, ils ne sont plus musulmans. [...] L'école des Sœurs est très prospère. De janvier à juin, le nombre de leurs élèves s'est augmenté de soixante.* » (chron. nov. 1903, T.A. : 126-127).

C'était dans ce poste que l'hostilité avait été la plus vive, l'évolution était donc bien symptomatique.

Cette hostilité peut cependant ressurgir au moindre faux pas :

> « *Nous avons été obligés de fermer, du moins pour un temps l'école d'Aourir. Le Ramadhan aidant, quelques mauvaises têtes profitèrent d'une faute, d'ailleurs peu grave, d'un moniteur et se mirent en devoir d'ameuter toute la population. Ce fut alors une série de calomnies, de menaces, d'exigences exorbitantes, de mesures vexatoires. Les amines allèrent jusqu'à imposer une amende de 25fr à quiconque enverrait ses enfants en classe [...]. Ce coin du pays a, depuis longtemps besoin d'une sérieuse leçon.* » (Rap. Annuel 1927-1928, B.M. : 128).

Cette hostilité peut aussi ressurgir dans les villages les mieux scolarisés lorsque le conflit a pour double enjeu la terre et la femme. Aux

At-Yanni, les missionnaires projettent d'acheter un terrain *mechmel* (commun à tout le village) pour la construction d'une école de filles.

> « *Les membres influents avaient été sondés auparavant et tous avaient promis un vote favorable ; d'ailleurs, la tribu des Beni Yenni se dit une des plus évoluées : 80 instituteurs sont issus de cette tribu. Or dès que la question du mechmel fut posée, ce fut un tollé général, tous firent chorus pour reprocher au Président (i.e. l'amin) d'avoir accepté cette motion et pour déclarer qu'ils n'avaient pas besoin de voir leurs filles évoluer. Là, un gros travail reste évidemment à faire, avec d'autant plus de prudence que les gens sont plus instruits et la défiance à l'égard de notre religion plus grande.* » (Rap. Annuel 1936-1937, B.Y. : 195).

Nous reviendrons plus loin sur le rapport complexe entre école et religion ; nous nous contenterons ici de souligner au passage le rôle encore très actif des djemâas alors que l'organisation administrative mise en place après 1871 avait pour objectif de les neutraliser. Le rôle des djemâas est souvent mentionné surtout pour les amendes qu'elles infligeaient aux catéchumènes, à ceux qui scolarisaient leurs enfants, *etc*.

De telles données montrent aussi que les intellectuels formés par l'école française et les convertis (là où ils existaient) n'avaient en réalité aucun poids dans la vie politique des villages. Les convertis, bien que tolérés, étaient en général marginalisés et ne pouvaient donc pas servir de relais. Mais avant d'analyser leur statut, il est nécessaire de voir d'abord les moyens utilisés pour obtenir ces conversions.

Les voies de la conversion.

La stratégie en matière de conversion a varié sur des points de détail depuis l'ouverture des premiers postes de mission en Algérie. Ces variations dépendaient d'un rapport de force instable qui mettait en jeu trois pôles : la hiérarchie ecclésiastique représentée pour les Missionnaires d'Afrique par le Cardinal Lavigerie, les autorités militaires et administratives françaises qui avaient le pouvoir en Algérie et l'opinion de la population musulmane.

Deux principes demeuraient cependant stables : ce travail de conversion était un travail de longue haleine dont il ne fallait pas attendre de résultats immédiats ; dans une première étape (qui pouvait être longue), il fallait se garder de prêcher ouvertement afin de ne pas heurter les esprits.

Il s'agit là de principes généraux ; pour ce qui est de la Kabylie, Lavigerie se montrait très prudent quant aux conversions individuelles en raison de la très forte cohésion sociale qui caractérisait la région :

Photo 05. *Kabylie* : Ouadhias (1939-1946),
village chrétien et maison des Pères

> « *Connaissant la forte cohésion des groupes sociaux, il était convaincu de la fragilité des conversions individuelles, rejetant le néophyte dans un isolement impossible à soutenir.* » (Renault 1992 : 279).

Dans le même ordre d'idée, il faut préciser que si les baptêmes d'enfants mourants furent très nombreux au moment de l'ouverture des postes de mission, les baptêmes d'adultes, eux, exigeaient une solide formation religieuse. Les chroniques signalent quelques fois des cas de catéchumènes à propos desquels les missionnaires affirment qu'ils ne sont pas prêts à recevoir le sacrement du baptême.

Les moyens qui doivent mener à la conversion des « Infidèles d'Afrique » sont clairement résumés dans les instructions suivantes que Lavigerie lui-même donnait à ses missionnaires :

Photo 06. *Kabylie* : Chrétiennes et catéchumènes (Ouadhias).

> « *Le premier et le plus puissant est l'instruction des enfants qui préparera avec des générations nouvelles, un avenir nouveau en détruisant le fanatisme aveugle qui leur tient lieu de foi. Le second est l'exercice de la charité, le troisième est l'exemple, le quatrième est la prière* ».

Le Cardinal apporte cependant des nuances :

> « *Personne ne désire plus que moi la conversion des infidèles d'Afrique, c'est l'œuvre à laquelle j'ai consacré ma vie mais je ne puis la vouloir que conformément aux règles de la sagesse.* » (chron. janvier 1893, B.M. : 58).

Ce furent ces directives qui guidèrent le travail des missionnaires. Nous reviendrons plus loin sur ce moyen « le plus puissant » qu'aurait dû être l'école[6] et sur les rapports complexes qu'il avait entretenus avec les conversions. « L'exemple » et « la prière » étant des faits difficiles à objectiver, l'analyse sera centrée sur la « charité ». Cet aspect renvoie à deux moyens : les médicaments, les soins apportés aux malades et l'aide matérielle aux plus démunis.

♦ Il est intéressant d'examiner le rôle joué par les **médicaments** car, par-delà leur efficacité réelle, ils avaient une indéniable portée symbolique. Les premiers centres que les missionnaires créaient partout où ils le pouvaient étaient des hôpitaux[7] et des écoles. L'objectif de ces hôpitaux et de la distribution de médicaments était de soigner les corps pour atteindre les âmes.

La distribution de médicaments est un fait qui revient très souvent dans les premières chroniques ; la plupart des missionnaires n'étaient pas, loin de là, d'infaillibles médecins et les chroniques le reconnaissent volontiers :

> « *Pour ne parler que du regretté Père C., plus avancé dans la science des Saints que dans la science médicale, il avait acquis auprès des indigènes la réputation d'un puissant guérisseur. Le bon Père, en effet, n'avait pas dans les cas désespérés, de plus puissant remède que quelques gouttes d'eau de fleur d'oranger dans un verre d'eau.* » (chron. n°49,1891, B.Y. : 42).

---

[6] Les communautés de Pères Blancs et de Sœurs Blanches ont continué ces deux activités : les soins et surtout l'école jusqu'à leur expulsion de Kabylie dans les années 1970.

[7] La plupart de ces hôpitaux fonctionnaient en réalité comme de véritables hospices, accueillant la misère et les cas les plus désespérés. Fadhma Aïth Mansour-Amrouche (1990) décrit avec précision toutes les misères qui échouaient à l'hôpital des Sœurs des At-Manguellat. Cet hôpital ressemblait à une véritable « cour des miracles ». Le chapitre sur l'hôpital (p. 71 à 84) comporte aussi des indications sur la vie des catéchumènes.

L'effet placebo de ces médicaments est souvent souligné par les chroniques ; il ne s'agit pas d'un simple point anecdotique : lorsque l'on restitue ce détail dans le contexte de l'époque, on comprend que ces médicaments tout à fait inoffensifs n'étaient qu'un moyen d'approche. Par ailleurs, le fait que quelques gouttes d'eau de fleur d'oranger puissent établir une réputation de « puissant guérisseur » signifie que l'on avait de part et d'autre la même perception magique du médicament : il s'agit du remède miracle. C'est une curieuse convergence qui a permis le contact avec les premiers missionnaires ; cette perception du médicament, nous le verrons plus loin, a été totalement différente dans le Mzab. Au fil des chroniques, on s'aperçoit que les Kabyles attendaient des médicaments donnés par le missionnaire le même effet magique que celui de l'amulette écrite par le marabout (on connaît le puissant pouvoir de l'écriture, *tira*) ; il s'en est suivi une lutte sourde mais sans merci entre les deux lignées de mages.

◆ Si l'eau de fleur d'oranger a facilité les manœuvres d'approche, il faut préciser que « l'atout » principal de ces conversions fut la **misère**. Cette situation ne concerne pas seulement la Kabylie ; on sait que la famine qui sévit dès la fin de 1867 servira de point de départ à la création des premiers orphelinats.

On sait aussi que la Kabylie a été « saignée à blanc » et mise « à genoux » après la défaite de 1871 si bien que dans ces archives, le lien entre misère et conversions est constant ; il est quelquefois tout à fait immédiat comme le montre l'exemple suivant, aux At-Ismaïl :

> « *1er Mars 1887 : distribution de gandouras aux internes. 5 Mars 1887 : le nombre d'enfants a considérablement augmenté depuis la distribution des gandouras.* » (1887, B.I. : 215-216)[8].

Pour la même époque (1898) Fadhma Aïth Mansour-Amrouche note :

> « *Il y eut à ce moment-là beaucoup de conversions. Des hommes et des femmes d'âge mûr se firent chrétiens. Cela tenait, je crois au fait que les Pères, à cette époque, étaient très généreux…* » (Aïth Mansour-Amrouche 1990 : 79).

Ce rapport entre pauvreté et conversion est surtout perceptible sur la longue durée : ce sont les postes dans lesquels est signalée la plus grande pauvreté qui ont opposé le moins de résistance aux conversions ; c'est le cas des At-Ismaïl mais surtout des Ouadhias :

---

[8] Pour cette chronique, le nom du mois n'a pas été noté avec précision ; seule a été notée la lettre initiale J (juin ou juillet). Les deux autres références (année et pages) doivent cependant permettre de retrouver sans difficulté le passage cité ici.

« Notre influence dans la tribu était déjà considérable. Elle a encore grandi cette année grâce, d'une part à la bienveillance marquée de Mr l'Administrateur et de l'autre au dévouement des missionnaires à l'égard des pauvres malheureux ».

Suivent des cas concrets : « *un autre jour, c'est un homme malade de misère qui vient se donner à nous avec sa femme et ses cinq jeunes enfants, moyennant un morceau de pain qui les empêche de mourir.* » (Rap. Annuel 1912-1913, O. : 106-107)[9].

Il ne nous est pas possible, par manque de données plus précises, d'établir une corrélation rigoureuse entre ces deux faits (pauvreté/conversion), mais dans les statistiques établies par Karima Dirèche-Slimani (Dirèche-Slimani 1987 : 62), le poste des Ouadhias est celui qui compte le plus de convertis entre 1905 et 1922.

♦ Deux autres maillons faibles : **les enfants et les femmes**. En dehors des deux moyens puissants que constituent le médicament et la charité, d'autres sont à relever car ils ont contribué directement ou indirectement à ces conversions.

Il s'agit d'abord du baptême des enfants mourants ; cette pratique a dû être très courante avant que les premières conversions ne soient possibles, les chroniques la signalent très souvent, la qualifiant de « *billet d'entrée* », de « *passeport pour le ciel* ».

Il y a aussi le rôle joué par les femmes ; les missionnaires avaient compris très tôt que ce rôle était déterminant dans la transmission et dans la sauvegarde de la culture, la conversion de femmes fut alors présentée comme la voie royale pour briser les résistances et susciter des conversions massives : « *lorsque les femmes kabyles seront converties, toute la Kabylie le sera.* » (chron. octobre 1903, O. : 48).

Il y aura beaucoup de conversions de femmes seules comme nous le verrons plus loin. L'importance du rôle des femmes est aussi soulignée dans le Mzab et surtout dans les Aurès où les chroniques affirment qu'il est tout à fait prépondérant.

♦ Enfin, dernier point et non des moindres, il s'agit du rôle assigné à **la langue** dans ce projet de conversion. Dans les règles de la Société des Missionnaires d'Afrique, il est fait au missionnaire obligation de parfaitement s'adapter à la région dans laquelle il est appelé à vivre et surtout d'en apprendre la langue. Cette maîtrise de la langue locale était un atout précieux car, dans sa perspective d'évangélisation totale

---

[9] Sur la misère dans les Ouadhias, voir les chroniques relatives à ce poste : novembre 1895, p. 56 ; juillet 1903, p. 48, *etc.*

de l'Afrique, Lavigerie tenait à ce que les convertis préservent un parfait ancrage linguistique et culturel grâce auquel ils pourraient devenir des relais internes d'évangélisation.

Nous reviendrons plus loin sur l'ancrage culturel de ces convertis ; pour ce qui est de l'aspect linguistique, en dehors de la langue liturgique sur laquelle nous n'avons pas de données précises (latin, français, kabyle ?), il est certain que l'enseignement religieux se faisait en kabyle[10] surtout pour les premiers catéchumènes qui n'étaient pas scolarisés. C'est ce qui explique la production, dès la fin du XIXe siècle, des premiers textes religieux en kabyle :

> « *Le premier catéchisme en kabyle est terminé, c'est le premier travail composé dans la langue des indigènes par les missionnaires.* » (chron. sept. 1895, B.M. : 59).

Aux At-Yanni, les missionnaires ont ouvert une imprimerie :

> « *L'imprimerie Saint-Joseph emploie maintenant cinq ouvriers [...]. Le R.P. Provincial nous a confié l'impression de l'Evangile de Saint-Mathieu en kabyle* » (chron. Janv. Fév. Mars 1900, B.Y. : 177).

Ces premiers travaux ont été suivis de nombreux autres et le corpus de textes religieux produits ou traduits en kabyle par les Pères Blancs est important. Cette nécessité de maîtriser la langue a, plus récemment, suscité de solides vocations de berbérisants[11] : les Pères Dallet, Lanfry, Reesink, Delheure, Genevois, Sœur Madeleine Allain, *etc.*

Telle qu'elle était conçue, cette évangélisation ne devait donc en principe pas déraciner[12] les convertis ; la situation – en raison surtout des résistances opposées par le terrain – est en réalité bien différente.

Les convertis : un long calvaire.

Cet aspect a été précisément traité par Karima Dirèche-Slimani (Dirèche-Slimani 1987 et 2004) ; je me contenterai ici de relever

---

[10] Fadhma Aït Mansour-Amrouche (*op. cit.*) confirme ce fait : « *on avait traduit les prières en kabyle : l'Ave Maria, le Pater, le Credo et les Sœurs s'escrimaient à faire entrer ces phrases dans nos têtes rebelles. Et j'avais un sourire aux lèvres dès que j'entendais la Sœur prononcer le kabyle à sa façon.* » (p. 73).

[11] Dans le cadre du Fichier de Documentation Berbère, créé en 1947. On trouvera des éléments d'information précis sur ces berbérisants dans le *Dictionnaire biographique de la Kabylie*, I, 2001, Aix-en-Provence, Edisud et sur le site Internet du Centre de Recherche Berbère de l'Inalco (www.inalco.fr\Crb).

[12] Fadhma Aït Mansour note : « *Noël était arrivé [...] mon mari portait un lourd burnous blanc car à l'époque* (il s'agit du tout début du XXe siècle) *on s'habillait à la mode kabyle. La Mission ne désirait pas que les Kabyles sortent de leur milieu* » (Fadhma Aït Mansour 1990 : 96).

Photo 07. *Kabylie* : Taguemount Azzouz, poste des Sœurs Blanches.

Photo 08. *Kabylie* : Beni Yenni (Aït-Larba), poste des Pères Blancs.

quelques points de détail contenus dans les chroniques. Un tableau élaboré à partir de statistiques figurant dans les « Rapports annuels de la Mission de Kabylie de 1903 à 1939 » (Dirèche-Slimani 1987 : 68 ; voir aussi Dirèche-Slimani 2001) et donnant l'évolution des effectifs de Kabyles chrétiens pour cette période, montre que l'année 1919-1920 constitue le point culminant avec 839 chrétiens. La courbe, après 1928, connaîtra une chute progressive qui deviendra très nette en 1938-1939 puisqu'il ne restera plus que 451 chrétiens à cette date en Kabylie dont l'écrasante majorité prendra le chemin de l'exil en 1962. Ce très bref aperçu statistique montre que cette communauté, au moment où elle était la plus nombreuse, n'atteignait pas le millier de personnes : il s'agissait donc d'une très petite minorité.

Cette communauté était répartie (par ordre décroissant) entre cinq postes (Dirèche-Slimani 1987 : 62) : Ouadhias, Ouaghzen (At-Manguellat), Béni Ismaïl, Ighil Ali, Taguemount Azzouz ; aux At-Yanni (nous verrons plus loin la particularité de ce poste), il a pu y avoir quelques conversions individuelles que les chroniques évoquent très rarement, mais il ne s'est pas constitué de communauté. Quant au poste de Kherrata, nous n'en retrouvons pas trace après le rapport de 1924-1925 ; peut-être a-t-il été fermé, aucune communauté chrétienne n'y est mentionnée, mais fait très rare en Kabylie, le rapport de 1921-1922 (p. 233-234) y signale l'existence d'une importante communauté juive.

Pour les cinq villages qui abritent des communautés de convertis, les diaires sont très précis et ces chrétiens sont souvent évoqués individuellement, cas par cas, avec des informations détaillées.

Sur la situation de ces premiers convertis, quelques indications émergent très nettement des chroniques. Ces convertis étaient, dans leur grande majorité, des gens très pauvres ou des marginaux, parmi lesquels beaucoup de femmes en situation difficile (veuves sans soutien, mères célibataires…) :

> « *On les appelle encore metournies, roumies, c'est à dire des apostates et on menace celles qui sont pauvres de les laisser mourir de faim* ».

A propos de ces femmes, la même chronique ajoute : « *elles n'ont pas été des plus édifiantes du point de vue des mœurs* » (chron. mars 1896, O. : 230). Tel autre converti est décrit comme étant « un ancien brigand » (Avril-Juin 1895, O. : 411). Il y a même parmi ces convertis « *un vieux barde kabyle Aoudéa, baptisé Pierre* » dont la mort est signalée (Rap. Annuel 1917-1918, T.A. : 67).

A ces profils très particuliers, il faut ajouter un nombre important d'enfants confiés aux missionnaires à cause de la misère mais aussi pour rivalités familiales[13] (succession, héritage) ou en raison de situations pour lesquelles la société traditionnelle ne proposait aucune issue, c'est la figure de Fadhma Aït Mansour-Amrouche qui se détache ici.

Tous ces détails, signifient que l'action de conversion a abordé cette société fragilisée par ses marges ; le christianisme s'est infiltré par des fissures qui, pour certaines, deviendront de profondes fractures. C'est une maldonne qui frappera dès le départ, l'itinéraire de ces convertis : déjà marginalisés pour diverses raisons, ils seront doublement stigmatisés pour avoir apostasié. L'hostilité qui les frappe s'inscrit dans la

---

[13] Belkacem ou Amrouche, époux de Fadhma Aït Mansour – Amrouche, fut confié aux Pères Blancs non pas parce que la famille était pauvre – bien au contraire – mais parce qu'elle était traversée de tensions qui risquaient de déstabiliser l'enfant : « *A cette époque-là* (au moment de ces tensions) *Hacène Ou Amrouche avait remis son petit-fils Belkacem Ou Amrouche entre les mains de sa grand-mère maternelle Aïni pour qu'elle veille sur lui, car il craignait que les autres femmes lui fassent du mal. Dès que l'enfant fut plus grand, il le confia aux Pères Blancs qui le prirent en pension. Lui-même avait quitté Ighil Ali avec ses femmes pour vivre loin de son fils Ahmed* (le père de Belkacem) *dont il disait que les mains étaient faites pour dépenser l'argent au lieu de le gagner* » (F. Aït Mansour-Amrouche 1990 : 117).
Quelques autres cas d'enfants issus des « meilleures familles » et confiés aux Pères Blancs ou aux Sœurs Blanches en raison de tensions familiales, sont signalés dans les chroniques de 1903 ; ex : Rapport annuel des At-Manguellat (Oct. Nov. Déc. 1904) signale le cas de « *Trois enfants, trop jeunes pour être admis chez nous, étaient, du consentement de leurs parents, placés dans une famille chrétienne. Notons en passant que l'un des trois est fils de grand marabout* » (p. 1).

réaction de rejet déployée contre les missionnaires (*Cf. supra*) ; vis à vis d'eux – parce qu'ils sont perçus comme des traîtres – elle deviendra plus violente et prendra la forme d'une véritable persécution[14].

Les missionnaires font état de cette persécution dans tous les postes ; elle est multiforme, se situant d'abord au sein de la famille : plusieurs jeunes convertis sont punis d'excommunication, d'exhérédation ; on imagine les situations inextricables créées par ces conversions au sein des familles. La persécution provient aussi de l'entourage (moqueries, mépris, très souvent signalés). Cette pression peut aussi revêtir une forme légale, la djemâa sanctionnant un nouveau délit. Le rôle des djemâas dans ce contexte est souvent signalé :

« *Etre chrétien à Taguemount, c'est le plus grand des délits, un crime impardonnable, un crime qui déshérite des biens patrimoniaux le fils qui s'en rend coupable ; un crime qui mérite l'expulsion et la mort. On parle beaucoup en ce moment de diminuer les impôts à ceux qui ne nous fréquentent pas et de les aggraver par contre à ceux qui fréquentent nos catéchismes.* » (chron. juillet 1896, T.A. : 407).

Ce rapport contient par ailleurs des données précises sur la manière dont était dispensé l'enseignement religieux dans ce poste (p. 401 à 408).

La fonction de contrôle exercée par les djemâas était encore très énergique, pouvant aller jusqu'aux détails les plus menus :

« [...] *De nouveaux règlements furent proclamés par l'autorité locale : les jeux de billes et autres semblables que les missionnaires introduisent chez les enfants sont interdits sous peine d'amende, etc.* » (chron. avril 1902, B.Y. : 240).

Pour la même période un seul village est signalé comme faisant exception à cette levée de boucliers, il s'agit de Tizi Hibel (village voisin de celui de Taguemount Azzouz) :

« *Le village de Tizi Hibel nous a bien dédommagés des déboires que nous cause le village de Taguemount Azzouz [...]. Les chrétiens et les catéchu-*

---

[14] Pour ces persécutions, voir les chroniques suivantes :
- août 1880, Ouadhias, p. 238 ;
- avril 1894, Taguemmount Azzouz, p. 250 ;
- avril 1894, Ighil Ali, p. 259 ;
- novembre 1895, Ouadhias, p. 56 ;
- mars 1896, Ouadhias, p. 230 ;
- juillet 1896, Taguemount Azzouz, p. 403, 407 ;
- juillet 1897, Taguemount Azzouz, p. 313-315 ;
- 1er trimestre 1900, Beni-Menguellet, p. 174-175.
- novembre 1904, Taguemount Azzouz, p. 74, *etc.*
- 1er trimestre 1928, Taguemount Azzouz, p. 33 (chronique des Sœurs Blanches), *etc.*

mènes de Tizi Hibel sont bien autrement tranquilles. Sans doute, les fanatiques ne manquent pas qui leur reprochent d'avoir tourné mais le chef du village entretient de bonnes relations avec eux et en général, on ne leur manifeste pas d'hostilité. » (chron. nov. 1904, T.A. : 74).

A Tizi-Hibel et pour la même période, l'ultime ligne de résistance reste la scolarisation des filles :

« *L'amin du village (de Tizi-Hibel) a menacé d'infliger 12 F 50 d'amende et d'augmenter les impôts de tous ceux qui envoient leurs filles chez les Sœurs* » (chronique n°137, 1907, T.A. : 219).

Aux Ouadhias, des brèches sont aussi ouvertes (chron. avril 1896, O. : 411 et 412).

Cette hostilité peut, dans certain cas, aller jusqu'à la tentative d'assassinat ou à l'assassinat : des cas sont signalés aux Ouadhias (chron. août 1880 : 238), à Taguemount Azzouz (Juillet 1897 : 313 à 316). En règle générale, presque tous ces premiers convertis ont vécu un véritable calvaire, écartelés entre leurs familles et les missionnaires (les diaires et les chroniques sont très précis à ce sujet ; voir, par exemple, la chronique de juillet 1896. T. A. : 403-404, la chronique de juillet 1897. B. Y. : 333-334, *etc.*).

Le conflit entre les familles et les missionnaires s'aiguisait au moment du mariage[15] : les missionnaires se considéraient comme les tuteurs de ces néophytes et pour créer les premiers noyaux d'une communauté chrétienne, ils intervenaient directement dans les choix matrimoniaux ; on peut mesurer la gravité de l'affront pour les familles lorsque l'on connaît l'importance de l'enjeu que représente le mariage. François Renault mentionne de manière détaillée cette pratique et la vive réaction qu'elle a suscitée chez les notables kabyles :

« *Ils adressèrent une plainte à l'administrateur et celle-ci remonta jusqu'au gouverneur général. Lavigerie ne semblait pas au courant de la pratique suivie, car, informé, il interdit aussitôt au Supérieur de la poursuivre et ordonna de rendre les fillettes à leurs pères en rompant le contrat.* » (Renault 1992 : 519-520).

---

[15] Si le mariage est un moment crucial, la circoncision l'est tout autant ; cette pratique, en effet, ne souffre aucune exception ; en milieu de convertis, la question est assez complexe (voir Dirèche-Slimani 2004 : 90-91). L'autobiographie de Fadhma Aït Mansour-Amrouche l'évoque : « *Nous étions en 1906 [...] mon beau-père s'était fâché avec nous parce que mon mari lui avait refusé le droit de faire circoncire mes enfants. Belkacem* (le mari de Fadhma Aït Mansour-Amrouche) *s'était plaint à l'Administrateur et celui-ci, par la voix du caïd, avait intimé l'ordre à mon beau-père de laisser les enfants tranquilles. A la suite de cet affrontement, il avait voulu nous chasser de sa maison* » (F. Aït Mansour-Amrouche 1990 : 130).

Les mariages entre convertis ont cependant continué (les diaires signalent quelques cas dans lesquels les missionnaires interviennent directement (ex : chronique d'avril 1892. B. M. p. 347-348, *etc.* Voir aussi la biographie de Fadhma Aïth Mansour-Amrouche), car, faut-il le rappeler, l'hostilité du milieu contraignait ces néophytes à une certaine endogamie ; se posait alors le problème de l'insertion de ces familles chrétiennes dans des villages demeurés musulmans.

Karima Dirèche-Slimani a abordé ce problème (1987 : 62 et 2004 : 97 à 103). La règle générale avait été de constituer pour ces familles des quartiers à proximité des postes de mission ; ce fut le cas aux Ouadhias :

> « *Le nombre de ceux qui étudient notre sainte religion et sont admis à la prière publique ayant augmenté, notre chapelle est littéralement comble […]. On offre de nous vendre un petit quartier à Taourirt où se trouvent la plupart de nos chrétiens et de nos catéchumènes. Cette acquisition achèverait de nous implanter dans ce village où on nous est on ne peut plus favorable.* » (chron. avril 1896, O. : 411-412).

Le récit autobiographique de Fadhma Aïth Mansour-Amrouche contient quelques indications sur « *le village chrétien d'Ighil Ali* » (Aïth Mansour-Amrouche 1990 : 152 et 199-207).

C'est seulement dans les années 1930 que les missionnaires constatent l'erreur et l'effet pervers induit par le fait d'avoir isolé les convertis :

> « *Le village musulman n'a pas supporté nos chrétiens dans son sein. Ils étaient chrétiens et de plus étrangers, il les a vomis. Les premiers missionnaires sentant toute l'hostilité du milieu, ont compris que la vie chrétienne y était moralement impossible et ils se sont ingéniés – trop souvent à quel prix ! – à établir leurs chrétiens dans des groupements à part afin de leur faciliter la pratique de la religion* […], *mais le groupe musulman lui-même n'a pas été touché, fanatique il était, fanatique il est resté. Ni la guerre, ni les contacts avec les Européens ni l'établissement de cette chrétienté n'y ont rien fait, au contraire…* » (Rapport annuel 1935-1936 : 189-190).

Ce rapport fait suite à une réunion-bilan et concerne toute la Kabylie. Ces conversions ont donc, dans leur majorité, contribué à accentuer la marginalisation d'une population déjà marginalisée ; dans ces conditions, on comprend que ce premier noyau de convertis n'ait pas pu servir, comme cela avait été prévu, de relais pour une action d'évangélisation plus vaste. Les remarques qui précèdent concernent la première génération de convertis ; pour ceux de la deuxième génération, armés d'une solide formation intellectuelle acquise auprès des missionnaires et promus à des postes souvent importants, les montagnes kabyles sont devenues trop étroites ; ils ont donc massivement pris le chemin de l'exil (Dirèche-Slimani 1987 : 64 et suivantes).

Cette deuxième génération, déracinée, n'a donc, pas plus que la première, pu assumer le rôle de relais. En un mot, la greffe n'a pas pris. Il devient alors nécessaire de s'interroger sur les raisons qui ont empêché cette expérience de s'enraciner ; il s'agira d'analyser les obstacles à la conversion et sur ce dernier point les chroniques sont très riches. Avant de l'aborder, nous analyserons quelques cas de syncrétisme signalés par ces archives : sans être réellement un obstacle, le syncrétisme prouve la persistance des anciens cultes y compris chez ceux qui ont adopté la religion nouvelle.

LES CONVERTIS ET LE RETOUR DU REFOULÉ.

On ne peut pas décrire la situation de ces premiers convertis sans évoquer ce problème du syncrétisme. Il s'agit de la résurgence de croyances ou de rites anciens que ces convertis intégraient tout naturellement dans leurs nouvelles pratiques religieuses. A vrai dire, le problème n'était pas nouveau : Saint Augustin se plaignait déjà des pratiques très peu orthodoxes de ses compatriotes !

Les missionnaires remarquent assez tôt ces « pratiques superstitieuses » et ne manquent pas de les signaler :

« *Ce sont ces pratiques superstitieuses qui, chez la plupart des Kabyles, chez les femmes surtout, constituent presque toute leur religion et elles sont tellement enracinées que les missionnaires auront fort à faire pour en détacher non seulement les catéchumènes mais même les néophytes.* » (chron. janv. 1897, B.I : 48).

Ce sont souvent des rites liés aux travaux artisanaux, en particulier au tissage :

« *En ourdissant la chaîne du métier de Julie, les vieilles font un acte de superstition à l'improviste ; on prend le parti d'en rire mais on recommande fort sérieusement de ne plus recommencer.* » (chron. avril 1897, O. : 221).

Les missionnaires ont aussi le plus grand mal à déloger la sorcellerie :

« *Nous avons aussi à déplorer un abus dont se plaignait Saint Augustin de son temps : c'est l'habitude invétérée de certains chrétiens de recourir aux sorciers dans leurs difficultés et leurs maladies. Pour remédier à ce désordre, nous avons été obligés d'expulser une de nos catéchumènes ancienne et toujours nouvelle sorcière, qui travaillait à remettre en honneur dans la chrétienté toutes les pratiques superstitieuses.* » (Rap. annuel 1916-1917, B.M. : 52).

Mais il serait injuste d'accuser les femmes de tous ces maux ! Que l'on en juge :

> « *Belle fête de Noël, tous nos chrétiens ont assisté aux offices de nuit et de jour, tous aussi se sont approchés des Sacrements. La poudre a parlé presque sans interruption et un joli bœuf a été tué par tous les chrétiens en commun.* » (chron. avril 1908, B.I. : 323).

On sait que les femmes n'ont ni le droit de faire parler la poudre ni celui d'immoler la victime du sacrifice et on sait que l'animal du sacrifice est le bœuf plutôt que le bélier chez les Berbères ; en outre, il est superflu de préciser que ce sacrifice – totalement étranger à la célébration de la Nativité – rappelle curieusement celui de *timecreṭ* encore en vigueur aujourd'hui pour ouvrir « les portes de l'année » (*i.e.* de la saison agricole) ; quant à la poudre sa présence se passe de tout commentaire, elle était sans doute destinée à accueillir le Divin Enfant avec tous les honneurs que la tradition kabyle réserve à la naissance des mâles.

Avant de sortir du cercle de la « Sainte Famille », un dernier point est à relever : il s'agit du culte fervent rendu à la Vierge. Cette dévotion à Marie est signalée à plusieurs reprises :

> « *Elles* [les femmes de Tizi-Hibel] *ont une grande dévotion à Marie, l'image de cette Bonne Mère et de Jésus est honorée dans beaucoup de maisons.* » (Rap. annuel 1912-1913, T.A. : 104).

Ce culte fervent rendu à Marie évoque bien sûr le culte des Saints très vivace dans l'islam maghrébin et l'on sait que dans tout le monde berbère, ces figures sacrées étaient souvent féminines (pour la seule Kabylie : Yemma Gouraya, Timezrit, Lalla Khedidja, Tamgout, *etc.*). Dans cette sacralisation de l'image de la Mère (résurgence timide des vieux cultes rendus aux déesses-mères sur le pourtour méditerranéen), rien ne distingue le Kabyle du Marseillais ou du Napolitain : l'image de la « Bonne Mère » est encore très vivante à Marseille ; à Naples, la Vierge a droit à un culte domestique et permanent : fleurs, bougies… ; la Kabylie se distingue, ici, seulement par le fait que la figure de la Mère recouvre totalement celle du Fils jusqu'à l'éclipser.

Ces pratiques, quoiqu'il en paraisse, ne sont pas de simples détails, elles signifient d'abord que cette première génération de néophytes bien que marginalisée, n'était pas totalement acculturée. Ce sera l'école qui mettra fin à tout ce « désordre ». Par ailleurs, il est important de remarquer que dans ces exemples de syncrétisme, ce ne sont pas les pratiques musulmanes (pourtant toutes proches) qui ressurgissent mais le vieux fonds berbère que manifestement ni l'islam ni le christianisme n'ont réussi à refouler totalement. Ce syncrétisme, s'il a « entaché » la pratique des premiers convertis, n'en a pas pour autant constitué un obstacle réel aux conversions ; les vrais obstacles sont ailleurs.

Photo 09. *Kabylie* : Beni Yenni (Aït-Larba), poste des Pères Blancs.

L'APOSTOLAT EN KABYLIE OU « LES CHEMINS QUI MONTENT ».

L'intérêt de ces archives réside aussi dans le fait que les missionnaires ne se sont pas contentés de signaler les obstacles qu'ils ont rencontrés dans leur apostolat : ils ont très tôt tenté de les analyser en les mettant en relation avec l'ensemble de l'organisation sociale propre à la Kabylie. Il faut rappeler que ces missionnaires, grâce à leur contact étroit avec le terrain, ont réussi à échapper au prisme déformant du « mythe kabyle ». Cette immersion ne les a pas empêchés de garder un regard distancié : la Kabylie représentait pour eux une altérité, d'où la qualité et l'intérêt de leurs observations.

L'analyse des obstacles sur lesquels a buté cet apostolat est intéressante car elle permet – au-delà du domaine strictement religieux – de cerner les facteurs par lesquels cette société a réussi à maintenir une certaine permanence dans une situation de profonde rupture. Il est clair que le champ du religieux n'était que l'un des aspects d'un processus de déstructuration bien plus large ; il ne fut sans doute pas le plus déterminant : la greffe du christianisme, nous l'avons vu, n'a pas pris même si le terrain kabyle, à la différence des Aurès et du Mzab, s'est révélé plus accessible à l'entreprise d'évangélisation.

La série de rapports et de chroniques analysés (*Cf.* liste des documents exploités) commence et se termine par le constat de ces obstacles. Il est question, dès 1895, moment où est amorcé le travail de conversion de *« sérieuses difficultés de l'apostolat auprès des Kabyles. »*

(chron. Oct. 1895, B.Y. : en annexe) ; ces difficultés sont soulignées jusqu'en 1937 ; il y est question, plus de soixante ans après l'ouverture des premiers postes de mission, de « *formidables difficultés rencontrées dans cet apostolat très spécial et très délicat* » (réunion générale, Juillet 1937 : 129).

Lorsque l'on recoupe les données très nombreuses fournies par ces archives, on remarque que les obstacles sur lesquels a buté cette entreprise d'évangélisation relèvent de trois facteurs essentiels : au premier plan, il y a l'*islam* ; au second plan – « derrière » l'islam dirions-nous – il y a la très forte *cohésion de la société kabyle* et tout ce que ces documents présentent sous le terme de « caractère indigène » ; c'est ce deuxième facteur qui a constitué un noyau dur et que l'action des missionnaires n'a pas réussi à désagréger ; il y a enfin, et aussi paradoxal que cela puisse paraître, l'*école* : celle-ci, conçue au départ comme un moyen privilégié d'évangélisation, se révèlera à la longue être un obstacle.

◆ Il n'est pas étonnant que l'**islam** ait, dès le départ, constitué une ligne de résistance contre cette incursion du christianisme : la Kabylie est islamisée depuis de nombreux siècles, même si cet islam, sur bien des aspects, a dû s'adapter aux pratiques locales, comme dans toute l'Afrique du Nord berbère et rurale. Nous l'avons vu plus haut, la lutte entre ces deux religions est une lutte d'hégémonie qui se déroule « à armes égales » ; les chroniques soulignent à plusieurs reprises « *la recrudescence du fanatisme des Khouan* » (chron. novembre 1895, O. : 54-55) qui sont présentés comme des « *ennemis mortels* » (chron. octobre 1896, T.A. : 548).

Sans cesser totalement, cette résistance opposée par l'islam ira en s'affaiblissant, les chroniques la mentionnent de moins en moins ; on peut trouver une des raisons de cet essoufflement dans les coups sévères que l'administration française a portés à l'islam confrérique dont on sait qu'il fut le fer de lance de l'insurrection de 1871.

◆ Persistera alors un **front de résistance « anthropologique »**, que les chroniques soulignent en permanence jusqu'à la fin de la période analysée (1945). Les données très nombreuses relatives à ce facteur, se regroupent autour de trois aspects qui, en réalité, relèvent de la même logique :
 – « le caractère des indigènes »,
 – la forte cohésion sociale,
 – « le respect humain » (*i.e.* le sens de l'honneur).

Le « *caractère des indigènes* » est, dès le début du travail d'évangélisation, signalé comme un obstacle sérieux :

> « *L'œuvre de l'Evangile rencontre en Kabylie de grands obstacles, le caractère des indigènes, n'est pas le moins sérieux. [...] vous rencontrez le plus souvent chez notre Kabyle une imagination vive et riante, une mémoire heureuse, une grande susceptibilité, un esprit léger, un cœur bon mais inconstant* » (chron. juillet 1897, B.Y. : 332).

Plus tard, la connaissance du terrain aidant, les chroniques se feront plus explicites : « le caractère des indigènes » est un obstacle pour deux raisons principales : la première est que les Kabyles accordent peu d'importance à la religion, c'est donc un terrain sur lequel il est difficile de les atteindre ; la seconde est leur âpreté au gain :

> « *Ils sont loin de rechercher le royaume de Dieu et sa justice [...]. Ils ont un proverbe pour dire que le manger doit passer avant la prière et d'autres pour ériger en principe qu'il ne faut jamais se repentir de ce que l'on a fait [...]. Ils pratiquent l'hospitalité mais ils savent fort bien aussi éluder l'obligation de l'aumône.* » (Rap. annuel 1909-1910, Kherrata : 97).

A cette relative indifférence religieuse, s'ajoute l'âpreté au gain, caractéristique souvent signalée :

> « *Nous avons affaire à un peuple très intéressé et très fier pour qui l'affaire du salut semble chose secondaire.* » (Rap. Annuel 1921-1922, O. : 204).

Pour la même période, les mêmes faits sont confirmés à Kherrata :

> « *Que dire de la mentalité des gens que nous sommes venus évangéliser. Une de leurs caractéristiques, c'est l'âpreté au gain. L'argent, c'est vraiment le Dieu du pays. Sans doute, les gens viennent beaucoup pour nous voir, mais ordinairement, ils ne viennent que lorsqu'ils ont besoin de quelque chose : soit des médicaments, soit d'un travail ou d'un service quelconque. Quand on leur cause de religion, ils refusent de s'engager à fond. Ils disent que ce que nous leur enseignons est très beau, mais qu'étant pressés, ils reviendront une autre fois. C'est ainsi que les Athéniens répondaient à Saint Paul.* » (Rap. annuel 1924-1925, Kherrata : 179).

Cette âpreté au gain empêche le message religieux de passer car tous les services rendus par les missionnaires étaient conçus par eux comme des moyens « d'accéder aux cœurs » alors que pour les Kabyles, ces services constituaient une fin en soi, après laquelle la question religieuse était souvent subtilement éludée ; les missionnaires constatent eux-mêmes ce malentendu :

> « *Nos Kabyles ne voient dans notre apostolat par la charité, que l'exercice d'un métier, d'un gagne-pain comme un autre [...]. En somme, nous sommes considérés un peu partout comme d'honnêtes gens comme les meilleurs fonctionnaires qu'ait le gouvernement [...] nous ne sommes considérés que comme de pauvres infidèles, quelque chose comme de « bons samaritains », en un mot, d'honnêtes païens qui connaissent tout sauf « le*

principal » : le Dieu unique Allah et son prophète. » (chron. janv. 1904, B.I. : 327-328).

La référence au credo musulman est, bien sûr, constante même si le face à face avec les représentants des confréries s'estompe. Lorsque la question religieuse est abordée, la réponse peut être déconcertante pour le missionnaire :

> « *Si la question religieuse est effleurée, et il est rare qu'elle ne le soit pas, on peut au moins dire : si vous me croyez dans l'erreur, priez Dieu de me mettre dans le bon chemin et permettez que je fasse de même pour vous.* » (Rap. annuel 1923-1924, I.A. : 292).

Ce type de réponse n'est pas rare, les missionnaires le rencontrent y compris dans les postes qui comptent des convertis. Cette réponse établit le principe d'égalité entre les deux religions (*i.e.* le christianisme et l'islam) et rappelle, avec courtoisie, au missionnaire qu'il ne détient ni le monopole de la Vérité ni celui du Salut.

Dans ce refus courtois opposé à l'évangélisation, une mention spéciale doit être réservée aux At-Yanni :

> « *S'ils ont beaucoup voyagé, ils ont aussi beaucoup vu mais malheureusement pas toujours ce qui aurait pu les édifier. Ils sont d'une politesse exquise mais aussi d'une profonde indifférence religieuse et, à l'occasion, ils ne se gênent pas pour nous le dire poliment : au lieu de perdre ici votre temps à essayer de nous convertir, vous feriez mieux de vous occuper d'abord de convertir vos frères de France, vous pourriez venir ici et nous vous écouterions* » (chron. oct. 1904, B.Y. : 34).

Ce type de réaction est souvent signalé pour les At-Yanni. De tous les postes ouverts par les missionnaires, les At-Yanni et Kherrata sont les seuls à ne pas avoir eu de communauté chrétienne ; aucune de ces chroniques n'y fait référence, il en est de même pour le travail de Karima Dirèche-Slimani (1987) qui s'est basé sur les rapports de mission (non analysés ici). Il a pu y avoir pour ces deux postes quelques conversions individuelles mais elles ne semblent pas avoir été significatives. On ne retrouve nulle trace du poste de Kherrata dans les documents analysés après le rapport de 1924-1925, peut-être a-t-il été fermé ; il faut remarquer que ce poste était excentré par rapport aux autres.

Pour les At-Yanni, des indications contenues dans les chroniques permettent de comprendre les raisons de cette résistance particulière aux conversions ; on peut relever deux facteurs essentiels : il y a, d'une part, le fait que les At-Yanni sont de grands voyageurs : ayant beaucoup vu, ils ont eu plus que les autres la possibilité de relativiser l'action des missionnaires et donc de garder des distances. Le second facteur est lié au premier : artisans et commerçants, les At-Yanni ont peut-être été moins vulnérables économiquement que les autres tribus (jamais la grande pauvreté n'y est signalée par les chroniques), ils n'ont donc pas donné prise.

Avant les Pères Blancs, les Jésuites avaient nettement perçu la difficulté de leur mission auprès des At-Yanni :

> « *La tribu des Béni-Yenni, en particulier, restée indomptée jusqu'à nous, n'a pas livré, sans de rudes combats, le dernier lambeau de sa liberté.* […] *Ce ne fut qu'un mois et demi après la première victoire que notre drapeau put flotter sur ces crêtes presque inaccessibles* » (J. M. J., 1885 : 84).

Evoquant le village d'At-Larbâa dans lequel était installé le poste de mission, le même auteur poursuit :

> « *La fabrication de la poudre et de la fausse monnaie formait, sous la régence, ses principales industries. Recherchés et redoutés par là même, ses habitants ont, à double titre, cette rudesse et cette hauteur que le voisinage des montagnes met d'ordinaire dans le sang. Aussi l'œuvre des Pères y est-elle plus difficile que chez les Fraoucen* » (*idem* : 84-85).

Outre le « caractère des indigènes », l'autre obstacle contre lequel cette action d'évangélisation a buté en permanence est la très forte **cohésion sociale** qui prévaut en Kabylie. Les chroniques ne se sont pas contentées de signaler cet aspect, elles lui ont consacré de longues analyses. Il a fallu attendre plus de dix ans après l'ouverture des premiers postes pour qu'apparaissent les premières études monographiques (exemple : At-Yanni 1888-1889) ; ces travaux consacrent une large part à l'histoire de la Kabylie et à la résistance que cette région a opposée à toutes les invasions étrangères (oct. 1889, B.I. : 69 à 71). Ces incursions dans l'histoire – destinées à éclairer les obstacles auxquels étaient confrontés les missionnaires – sont complétées par des analyses très précises du présent. La chronique d'octobre 1895 B.Y. : 571 à 579 (jointe en annexe) nous livre une longue analyse consacrée à « *quelques sérieuses difficultés de l'apostolat auprès des Kabyles* ». La rédaction de ce texte, parsemé de jugements de valeur plutôt négatifs, doit bien sûr être resituée dans le contexte de l'époque. Cette analyse fait suite à une série d'études émanant du même poste, elle rend compte d'une très fine connaissance du terrain et est sans complaisance :

– Elle constitue une critique en règle du « mythe kabyle », en particulier des prétendus vestiges du christianisme qui expliqueraient la tiédeur des Kabyles vis à vis de l'islam, il y est question des :

> « *immenses difficultés que notre* (sic) *mission apostolique a en face d'elle en Kabylie ; peut-être même, sont-elles plus grandes que celles que les missionnaires rencontrent en pur pays musulman. Nous verrons quel peu de fond*

nous pouvons faire sur les antécédents chrétiens des populations berbères... » (p. 571).

– Elle explique comment la très forte cohésion sociale (« la solidarité », dit le texte qui en décrit tous les aspects) enserre l'individu et le rend inaccessible à toute logique autre que celle de son groupe d'appartenance ; inaccessible, ici, au message religieux dont les missionnaires sont porteurs.

– Elle précise, avec arguments à l'appui, que face au rempart que constitue la solidarité, l'islam et le christianisme, en Kabylie, sont, dirions-nous, « logés à la même enseigne ». Suit, enfin, un long exposé sur la situation de la femme kabyle.

Lié à la cohésion sociale dont il n'est que l'expression ultime, la valeur cardinale, le « **respect humain** » revient dans toutes les chroniques comme « l'obstacle le plus difficile à déraciner » ; on sait qu'il s'agit du sens de l'honneur car l'expression « respect humain » est souvent accompagnée du mot « *nif* » mis entre parenthèses. La chronique d'avril 1902, B.M., note au bas de la page 237 : « *nif = honneur indigène* ». Cet obstacle est signalé dans la quasi totalité des chroniques, il est assimilé à un « tyran des consciences » :

> « *Quel est donc le lien invisible qui la retient (i.e. la jeunesse) dans l'erreur. C'est le respect humain, le « nif » pour employer le mot reçu. Ce tyran des consciences a à son service une arme terrible : la raillerie que le Kabyle manie avec adresse.* » (chron. juillet 1897, B.Y. : 332).

La raillerie vient souvent rappeler au converti son statut de marginal :

> « *A ceux qui se convertissent, on dit : c'est par intérêt que vous vous faites chrétiens [...]. La conversion vous est facile ; n'étant pas de grande famille, vous n'avez pas d'honneur à sauver.* » (chron. octobre 1897, I.A. : 466).

Pareils exemples abondent dans les documents ; pour le même poste (Ighil Ali), la chronique de janvier 1896 signale, sans commentaire : « *encore deux ou trois élèves qui se retirent de l'école à cause de ce qu'ils appellent 'taqbaïlit'.* » (p. 247).

C'est seulement à partir du début du XXe siècle – nous avons vu que ce moment correspondait à un tournant dans les rapports avec les missionnaires – que les chroniques notent un fléchissement :

> « *Le grand obstacle qui empêche les Kabyles de suivre notre sainte religion, le respect humain (le nif) semble fortement attaqué.* » (chron. avril 1902, O. : 68) ; ou alors :

> « *Le respect humain commencerait-il à vouloir tomber ?* » (chron. mars 1904, I.A. : 143).

C'est la fin de la levée de boucliers sous sa forme traditionnelle, mais la résistance aux conversions investira un nouveau terrain tout à fait inattendu : l'école.

◆ **L'école** est un obstacle tardif, elle avait été conçue par le Cardinal Lavigerie comme un moyen privilégié d'évangélisation, « le plus puissant », disait-il (voir *supra*).

Certaines chroniques, trente ans après l'ouverture des premiers postes de mission, avaient pressenti les risques auxquels pouvait mener une école dissociée de l'action religieuse et avaient clairement établi le lien : scolarisation – évangélisation – assimilation :

> « *Les indigènes ne deviendront français qu'en devenant chrétiens, ceux qui ne seront pas chrétiens seront d'autant plus à craindre pour la France qu'ils auront plus reçu d'elle au point de vue de la formation intellectuelle et de l'instruction* » (chron. 2e trimestre 1901, I.A. : 53).

Ces craintes étaient tout à fait justifiées, car non seulement l'école n'a pas eu l'effet escompté sur les conversions, mais plus, elle n'a pas tardé à se transformer en obstacle.

Que les écoles laïques, ouvertes en d'autres endroits de Kabylie, et quelques fois à proximité des postes de mission, aient contrecarré l'action des missionnaires n'avait en soi rien d'étonnant, c'était même « de bonne guerre » en raison de la forte pression laïcisante à l'époque de la loi de séparation de l'Eglise et de l'Etat ; mais l'obstacle se situe, ici, dans les écoles mêmes ouvertes par les missionnaires :

> « *Les classes de Ouar'zen et d'Aourir ont été fréquentées, en plus de nos 24 pensionnaires, par une quarantaine d'élèves. Ce n'est guère l'amour de l'étude qui anime nos externes, quelques uns pourraient s'affilier à la CGT ; à maintes reprises, ils ont décrété la grève de 24 heures et ces révolutionnaires en herbe ont même essayé de débaucher les plus 'intellectuels'* » (Rap. annuel 1907-1908, B.M. : 16).

Cet impact négatif de l'école sur l'évangélisation est signalé pour d'autres postes : aux At-Yanni le rapport annuel de 1936-1937 souligne :

> « *La, un gros travail reste évidemment à faire avec d'autant plus de prudence que les gens sont plus instruits et la défiance à l'égard de notre religion plus grande* » (p. 195).

Pour comprendre comment l'école est devenue un obstacle alors qu'elle devait constituer la voie royale vers l'évangélisation, il faut analyser le processus particulier d'appropriation de l'école en Kabylie. Ce sera le dernier point consacré à cette région.

Photo 10. *Kabylie* : Ecole de Ouaghzen, Pères et élèves (1888 ?).

L'école en Kabylie ou l'art de la subversion.

L'impact de la politique scolaire en Algérie et en particulier en Kabylie a fait l'objet de nombreux travaux (Turin, Morizot, Ageron, Colonna…). Nous nous contenterons ici de livrer quelques données contenues dans ces chroniques et propres à la Kabylie. La scolarisation relativement plus poussée de la Kabylie par rapport au reste de l'Algérie rurale est un fait connu. Est connu aussi le lien entre école et émigration pour cette région ; la fréquentation de l'école s'est accrue lorsqu'a été perçue son utilité en émigration (savoir lire, écrire et parler français). Enfin, et dernière donnée générale, les missionnaires ne furent pas les seuls à avoir ouvert des écoles en Kabylie : il y eut aussi des écoles laïques dès la promulgation de la loi de Jules Ferry et les relations entre les écoles des missionnaires et les écoles laïques furent souvent tendues.

Ces chroniques contiennent des données précises sur l'évolution de l'attitude des Kabyles face à l'école. L'attrait de l'école ne fut pas immédiat : au moment de l'ouverture des postes de mission[16], le refus de l'école s'inscrivait dans cette hostilité globale opposée à tout ce qui était lié à la domination française (*Cf. supra*) ; les premières chroniques font souvent état de ce refus :

> « *L'instruction, ils la dédaignent souverainement.* » (chron. juillet 1897, T.A. : 316).
> Le Kabyle « *se moque de notre civilisation et de tout ce qu'elle comporte.* » (Père Sivignon 1892 : 22).

Face à ce refus, les missionnaires sont prudents :

> « *Bien que nous le puissions, nous n'osons pas trop forcer nos élèves à venir au rendez-vous quotidien [i.e. la classe] de crainte d'indisposer outre-mesure les parents à notre égard.* » (chron. juillet 1897, T.A. : 316).

Plutôt qu'à la contrainte, les missionnaires ont recours à des mesures incitatives : distribution de vêtements, de vivres, *etc.* On sait que la Kabylie après 1871 avait été complètement ruinée. C'est l'administration qui a recours à des mesures coercitives pour faire respecter l'obligation scolaire :

> « *Elle n'hésite pas à punir les récalcitrants et plus d'un Kabyle a dû regretter sous les verrous de la prison sa négligence ou son obstination à ne pas nous envoyer son enfant.* » (chron. avril 1896, T.A. : 226).

Ce refus de l'école a touché aussi l'école publique, le Rapport annuel 1905 signale pour les At-Yanni le départ massif des instituteurs

---

[16] Sur les écoles ouvertes par les missionnaires en Kabylie voir J. Morizot 1962, p. 89 et Dirèche-Slimani 2004, p. 61 à 72.

français affectés dans les écoles publiques en raison de l'hostilité de la population : « *ils sont tous contre le Roumi.* » (p. 378).

Alors que l'on assiste à une levée de boucliers contre l'école, que les djemâas imposent des amendes à tous ceux qui y envoient leurs enfants, les chroniques soulignent une caractéristique qui deviendra récurrente : il s'agit du vif intérêt que manifestent les enfants kabyles vis à vis de l'école :

> « *La troupe d'enfants qui vient se confier à nos soins est toute remplie de bonne volonté, de l'amour du travail et de l'étude à un degré assez rare ailleurs. La régularité à peu près absolue à toutes les classes en est la preuve. Puisse cette ardeur se tourner un jour vers les principes et maximes de la seule et unique science dont nous sommes avant tout les apôtres et les dépositaires...* » (chron. janv. 1894, B.Y. : 14).

Cette ardeur à l'étude est signalée pour la quasi totalité des postes (Rapport sur la mission d'I.A. Janv. 1896 : 65) ; ce qui signifie que des brèches sont déjà ouvertes. Ces débuts laborieux de scolarisation livrent aussi quelques données sur :
– Les relations qui s'étaient établies entre les écoles des Pères Blancs et les écoles laïques au moment où ces dernières avaient été ouvertes.
– La situation linguistique.
– La scolarisation des filles.

Les chroniques – en particulier celles qui proviennent des At-Yanni et de Taguemount Azzouz – contiennent des données précises sur l'ouverture des écoles laïques au milieu des années 1890 et sur les relations qui s'étaient établies entre ces écoles et celles des missionnaires fondées, elles, dès l'ouverture des premiers postes.

L'institution de l'enseignement public impose aux missionnaires le contrôle de l'Académie pour les programmes et la formation des enseignants ; par ailleurs, l'ouverture de ces écoles publiques crée une situation de concurrence et d'émulation. Il semble, cependant, que l'on ait tenu de part et d'autre à établir des rapports de bon voisinage. Dans la tribu des At-Mahmoud, par exemple, deux écoles laïques ont été créées dans les villages de Tizi-Hibel et de Taourirt Moussa-Ou-Amar, tous deux très proches de celui de Taguemount-Azzouz où est installé le poste de mission :

> « *Messieurs les instituteurs de Tizi-Hibel et de Taourirt sont très corrects à notre égard, ils nous disent qu'ils ont reçu des instructions très précises sur la conduite à tenir envers les missionnaires* » (chron. janv. 1895, T.A. : 30).

Dans la tribu des At-Yanni, aux deux écoles déjà existantes : celles des Pères Blancs ouverte au village d'At-Larbâa et celle de Taourirt Mimoun dirigée par l'instituteur laïc Verdy, se sont ajoutées en 1894, trois autres à At-Lahsen, Agouni Ahmed, Taourirt Lhedjadj et « une école manuelle » :

> « *La tribu des Beni Yenni, d'après le dernier recensement, n'a que six mille deux cents âmes et elle va voir dans quelques jours fonctionner six écoles : cinq écoles primaires et une école manuelle* » (chron. septembre-décembre 1894, B.Y. : 40). (*cf.* Chronique jointe en Annexe).

La concurrence en matière de recrutement fut telle que ce fut l'administration, sur proposition des Pères Blancs, qui fixa les conditions d'admission dans chacune de ces écoles pour garantir une répartition équitable des élèves que toutes ces écoles se disputaient : un véritable exercice d'équilibriste. Outre la concurrence en matière de recrutement, cette situation suscita une réelle émulation en matière de qualité d'enseignement ; les missionnaires, dans des conditions matérielles difficiles, tiennent à s'imposer par la qualité :

> « *Aussi nous ne négligerons aucun des moyens que nous aurons en notre pouvoir pour assurer une bonne rentrée. Nous aviserons ensuite à une nouvelle réorganisation des classes, tant au point de vue des programmes, des méthodes d'enseignement qu'au point de vue du matériel, afin que nos élèves soient mieux chez nous que partout ailleurs sous n'importe quel rapport…* » (chron. septembre-décembre 1894, B.Y. : 40).
> « *Nous nous efforcerons,* poursuit la même chronique, *de fonder ici une école modèle, s'il plaît à Dieu et une pépinière de bons Kabyles ; si nous ne pouvons encore les christianiser tous, nous préparerons le terrain* » (*idem* : 44).

Cette dernière phrase pose la question du rapport entre scolarisation et évangélisation. Dans la stratégie du Cardinal Lavigerie, l'instruction des enfants est perçue comme le moyen :

> « *le plus puissant qui préparera avec des générations nouvelles, un avenir nouveau en détruisant le fanatisme aveugle qui leur tient lieu de foi* » (chron. janvier 1893, B.M. : 58 citée *supra*).

Telle que conçue et en raison de la prudence que recommandait le Cardinal Lavigerie, l'école n'était donc pas un espace dans lequel était assuré l'enseignement religieux ; les premières chroniques analysées ne donnent pas d'indication sur ce point. Les internats-orphelinats qui recrutaient très peu d'élèves (4 à 5 par poste au début) étaient, eux, conçus comme des espaces de conversion (voir Dirèche-Slimani 2004 : 66 à 68).

A partir des années 1894-1895, les données contenues dans les chroniques sont plus précises : l'enseignement religieux est interdit dans les écoles et les missionnaires respectent cette interdiction :

> « *A l'enseignement profane, nous joignons l'enseignement religieux, pas dans nos classes, évidemment. D'après les lois qui règlent l'enseignement actuel à donner à la jeunesse, Dieu est banni de l'école, et il n'est plus permis d'y annoncer son nom adorable et sa doctrine sainte* » (Chron. Juillet 1896, T.A. : 401).

L'enseignement religieux était dispensé en dehors des heures de cours (le matin de 6h à 7h30 et le soir) dans « des salles spéciales » ; il s'adresse le matin aux « *élèves externes qui manifestent le désir d'écouter la parole sainte* » et le soir à de jeunes adultes, « *on remarque dans ce cours, des vieux à barbe blanche* » (*idem* : 402). La chronique souligne que ces cours étaient assidûment fréquentés ; « *par une trentaine environ* » d'élèves externes et « *une vingtaine de jeunes gens* » (*idem* : 402). Pour cette génération de jeunes gens scolarisés, l'enseignement religieux était sans doute dispensé en langue française. Ces données indiquent que les missionnaires n'avaient pas opté pour des conversions massives : le baptême exigeait une longue préparation et tous les catéchumènes n'accédaient pas à ce sacrement.

◆ En matière **linguistique**, les données sont peu nombreuses. Il est clair que la langue d'enseignement est le français, mais ces chroniques nous apprennent que des cours d'arabe ont dès le début été introduits dans cet enseignement (1878, T.A., p. 90). Cet enseignement de l'arabe semble instable, les raisons pour lesquelles il est introduit sont de deux ordres : d'une part, il s'agit d'une initiative des missionnaires :

> « *Le 12 octobre, après mûre réflexion, nous avons ajouté aux études existantes une classe d'arabe. Cette innovation a l'avantage d'ôter à quelques enfants tout prétexte d'aller à la mosquée ; aux yeux des Kabyles, elle peut ajouter un certain lustre à l'école ; en tout cas, elle contribuera, nous l'espérons, au placement futur de plusieurs de nos élèves dans l'armée ou l'administration.* » (chron. janv. 1894, I.A. : 22).

D'autre part, il y avait la pression de l'Académie :

> « *Pour répondre aux désirs de Dame Académie, nous avons ajouté cette année à notre programme l'enseignement de l'arabe.* » (chron. janv. 1897, T.A. : 43).

Enfin en matière de langues, une seule allusion est faite au kabyle, son usage a dû être interdit dans certaines écoles (– dans toutes ?) : à propos des élèves des At-Yanni :

> « *Outre les billes qu'ils* [= les élèves] *donnent volontiers pour les petites infractions comme lorsqu'ils parlent kabyle entre eux, ils prélèvent spontanément sur le gain de leurs jeux un certain nombre de billes qu'ils vendent au bénéfice des pauvres.* » (chron. n°49, 1891, B.Y. : 42).

◆ Si les données relatives à la situation linguistique sont peu nombreuses, celles relatives à la **scolarisation des filles** sont en revanche plus riches. On sait que ce projet a suscité une levée de boucliers qui n'a jamais fléchi (voir texte joint en annexe ; voir aussi réaction des At-Yanni en 1936 *supra*). Le refus de scolariser les filles fut un front de résistance permanent et pourtant les projets des missionnaires en la matière n'avaient rien de bien révolutionnaire. Il faut les resituer bien sûr dans le contexte de l'époque mais aujourd'hui, ils feraient plutôt sourire :

> « *Monsieur l'Administrateur paraît très satisfait de voir que nos filles seront plus occupées à filer, à tisser, à tapisser, broder, tricoter, moudre, faire le couscous, etc. qu'à se perdre dans le calcul infinitésimal, les difficultés de la chronologie et les chinoiseries de la grammaire.* » (chron. avril 1897, O. : 220).

Le même son de cloche vient des At-Manguellat :

> « *Quand je parle d'école à propos des filles, il ne faut pas penser à des journées entières derrière des cahiers et des livres. Sans doute, les Sœurs s'efforcent d'amener le plus possible à la lecture, à l'écriture et au calcul* […] *mais d'une façon générale, le travail manuel : couture, tricotage, vannerie est encore nécessaire comme adoucissement.* » (Rap. annuel 1927-1928, B.M. : 129).

Pour les parents peu importait ce que leurs filles apprendraient ou non dans ces écoles, la simple fréquentation de ce milieu étranger était en soi une chose inadmissible.

Si le refus de scolariser les filles fut tenace, pour les garçons, les changements seront progressifs mais ils sont nettement perceptibles dès le début du XXe siècle ; les données qui proviennent de l'ensemble des postes le confirment : pour certains postes, les chroniques signalent qu'il n'y a plus besoin de recourir à la contrainte :

> « *Nous n'avons pas eu besoin de recourir à l'administration pour assurer la fréquentation* [de l'école] *par quelques récalcitrants* » (chron. nov. 1905 T. A. : 524).

Dans d'autres postes, les missionnaires perçoivent nettement que l'ouverture qui s'amorce est intéressée :

> « *La population qui nous entoure nous est sympathique mais aussi très intéressée. Elle ne demande pas mieux que de nous confier ses enfants, mais à condition que nous prenions les moyens de les faire réussir et non plus seulement d'en faire des chrétiens. Même si leurs enfants 'tournent', comme ils le disent, c'est-à-dire se convertissent, ils ne nous en voudront pas, pourvu qu'ils aient une place bien rétribuée* » (chron. janv. 1906, B.I. : 530)[17].

---

[17] René Vanlande revient sur cette question et reprend les propos du père supérieur de Taguemount Azzouz : « *Certains parents nous amènent parfois des enfants et nous demandent de leur enseigner le catéchisme en vue du baptême ; en réalité ils ont découvert là un moyen économique de leur faire donner des leçons particulières de français pour leur permettre de solliciter un emploi dans l'administration* ». (Vanlande 1929 : 57).

Ce début de siècle, nous l'avons vu, a été porteur de changements dans l'attitude à l'égard des missionnaires ; le lien entre école et ascension sociale est clairement perçu, d'où un certain pragmatisme de la part des parents ; l'émigration (le passage par l'école permet de mieux s'adapter outre-Méditerranée) et la première génération de scolarisés qui ont dû leur promotion sociale à l'école ont contribué à faire percevoir ce lien.

Si le début du siècle amorce un basculement, il faudra attendre les années 1930 pour que l'afflux vers l'école s'accroisse et atteigne des proportions telles que dans certains postes, les anciennes constructions ne suffisent plus[18] ; mais c'est très précisément à ce moment que les missionnaires constatent la divergence entre école et évangélisation. L'école a été détournée de ses objectifs initiaux ; elle avait été, rappelons-le, conçue comme le moyen le plus efficace pour préparer aux conversions. Les missionnaires le constatent assez tôt pour certains postes (*Cf. supra*, rapport annuel 1907-1908, B. M. : 16) mais c'est à partir des années 1930 que le divorce sera plus net entre l'école et l'évangélisation et les missionnaires ne se font aucune illusion :

> « *L'école connaît toujours la faveur des habitants qui cherchant tout d'abord leur intérêt, le font passer avant leur fanatisme lequel n'est pourtant pas mince* [...]. *Evidemment tout est à faire devant ces enfants farcis de principes anti-français et anti-chrétiens.* » (Rap. annuel 1935-1936, T. A. : 193).

Ces données indiquent que la Kabylie a fait preuve de pragmatisme, opérant une appropriation sélective de l'apport des missionnaires :

– Elle a assimilé l'école comme moyen d'ascension sociale et d'insertion dans le nouvel ordre économique imposé par la colonisation.

– Elle est restée plus réservée face à l'action religieuse sans la rejeter totalement puisqu'on y note « près d'un millier » de conversions (Pons 1930 : 318).

---

[18] Dans la série de reportages consacrés par Albert Camus à la Kabylie et publiés par le quotidien *Alger Républicain* entre le 5 et le 15 Juin 1939, figure un article relatif à l'enseignement publié le 11 Juin 1939. dans cet article l'auteur souligne qu' « *un dixième seulement des enfants kabyles en âge de fréquenter l'école peuvent bénéficier de cet enseignement* » (Camus 2005 : 73) ; il précise aussi que : « *il n'est pas rare [...] de voir des villages proposer un local, offrir une participation en argent ou de la main d'œuvre gratuite pour qu'une école leur soit donnée* » (Camus 2005 : 72) ; il cite enfin (pages 74 et 75) : de nombreux villages dépourvus d'écoles ; dans ceux qui en possèdent, ces écoles sont souvent contraintes – faute de moyens – de refuser jusqu'à une centaine d'élèves à chaque rentrée scolaire. Les écoles construites à la fin du XIXe siècle dans quelques villages kabyles ne doivent pas induire en erreur : la région reste, dans l'ensemble, sous-scolarisée ; cette sous-scolarisation a été accentuée par la forte demande qui s'est manifestée dans les années 1930.

Le nombre de ces convertis rapporté à la population globale de la région, reste infime ; il est largement en deçà des attentes des missionnaires et ne remet donc pas en cause le constat de cette divergence entre l'école et l'évangélisation.

Plutôt qu'à la religion chrétienne, l'école a préparé aux idées de gauche (le « communisme » est souvent déploré) et au nationalisme. C'est la raison pour laquelle on peut parler d'appropriation subversive de l'école. Ce constat (tardif) est fait dans tous les postes :

> « *On rencontre autour de ces écoles une certaine amélioration matérielle qui d'ailleurs ne va pas encore bien loin, mais on est forcé aussi de constater un triste résultat qu'on n'avait certainement pas prévu : l'ingratitude et l'hostilité des indigènes à l'égard du pays qui leur a départi le bienfait de l'instruction. En 1871*[19], *ce sont les anciens élèves de l'école d'apprentissage de Tamazirt* (commune de Fort National) *qui dirigèrent le siège de cette place* [...]. *Au cours de cette même guerre* (celle de 1914-1918), *dans la tribu des Beni Yenni qui regorgent d'instituteurs élevés aux frais de la France, on n'obtient que deux engagements volontaires parmi eux et ces instituteurs eux-mêmes disaient à un Père du poste 'nous n'aimons pas la France'.* » (Frère Rogatien 1935 : 77 et 78).

René Vanlande, dans un ouvrage consacré en 1929 à la mission des Pères Blancs, revient très clairement sur les risques auxquels pouvait mener une instruction trop poussée des Kabyles :

> « *Trop souvent, nous n'aboutissons qu'à constituer une classe d'aigris. Aigris aujourd'hui, révoltés demain* [...]. *N'ayant rien à attendre d'un ordre de choses qui ne leur fait pas de place, ils s'efforceront de la conquérir dans la subversion et le chambardement* » (Vanlande 1929 : 109)

Sur la situation générale en Kabylie, le constat fait par Vanlande précède de quelques années celui des Pères Blancs mais le rejoint parfaitement. Dans l'ouvrage, est inséré en annexe un « aperçu sommaire sur la situation en Kabylie » (p.169 à 185).

L'auteur y présente « *quelques remarques sur la situation de cette région et sur l'état d'esprit nouveau qui s'y fait jour* » (p. 169).

> « *Dès le début de notre occupation*, affirme-t-il, *la Kabylie de par le caractère de ses habitants s'est révélée d'une administration difficile.* » (p.169).

---

[19] C'est l'unique fois qu'est évoquée dans ces documents l'insurrection de 1871. Cette indication permet de comprendre la raison pour laquelle les missionnaires n'ont pas fondé de poste aux At-Yiraten. Les At-Yiraten, sous ce rapport, représentent une exception dans la région. Leur réputation justifiée de redoutables guerriers et l'exemple de l'école de Tamazirt ont dû dissuader les Missionnaires d'Afrique.

Se référant à la lettre d' « *un notable kabyle sincèrement dévoué à la France* » (p.170), il poursuit :

> « *La situation politique en Kabylie laisse incontestablement à désirer. Nous assistons sans aucun doute à une diminution rapide du prestige français. Les symptômes sont nombreux, de gravité évidemment variable depuis l'abstention du salut à l'égard de l'administrateur jusqu'au refus de l'obéissance.* » (p.172).
>
> « *Je reconnais très volontiers qu'un certain nombre de travailleurs kabyles, à leur retour de France, importent dans les milieux indigènes des idées nouvelles, quelques-unes dangereuses, d'autres parfois même criminelles qui contribuent dans une large mesure à l'état de choses actuel.* ». L'auteur fait référence à « *des tracts communistes rédigés en langue arabe* (qui) *dénotent chez leurs auteurs quelques progrès dans la connaissance des milieux à atteindre* » (p. 173).

Ces tracts sont liés aux « *entreprises assez décousues de la IIIe internationale et du nationalisme indigène* [...]. *Sans doute, la régression du sentiment religieux a sa part dans la situation actuelle.* » (p. 174).

En 1935, soit plus de soixante ans après l'ouverture des premiers postes de mission, le divorce est consommé entre l'école et l'évangélisation mais il l'est tout autant entre l'école et l'assimilation, ce qui n'exclut pas une certaine acculturation de ces nouvelles élites kabyles. Acculturation ne signifie cependant pas assimilation : on sait que cette élite kabyle, dans sa majorité va rejoindre les rangs du mouvement national algérien, constituant l'armature de son aile indépendantiste.

La présence du nationalisme en Kabylie est signalée par ces archives dès les années 1930 (exemple : passage de Messali Hadj à Béni-Douala (Larbɛa n At-Dwala) en 1936 : Rap. annuel 1936, T.A. : 218). Le dernier rapport consulté qui couvre la période de 1939-1945 souligne :

> « *Nul n'ignore que depuis notre libération des flots d'éloquence démagogique au nom de* « *liberté* » *et* « *d'égalité* » *sont passés en trombe sur notre Afrique du Nord et ont réveillé le vieux sang berbère qui ne s'est jamais soumis.* » (Rapport, 1939-1945 : 1, cité *supra*).

Si dans ces archives, les données sont très riches pour la Kabylie (ce qui explique le traitement exhaustif que nous en avons proposé), nous verrons qu'il n'en est pas de même pour les Aurès et le Mzab. Partant de la série de documents exploités, il est possible d'affirmer que ces deux régions ont été seulement entr'aperçues ; à la différence de la Kabylie, très peu de postes y ont été ouverts. Ces deux régions ont opposé, chacune à sa manière comme nous le verrons, une fin de non-recevoir catégorique à l'action des missionnaires.

Chapitre III

L'Aurès réfractaire

Photo 11. *Aurès* : visite de prêtres dans les Aurès.

L'hôpital d'Arris a été ouvert en décembre 1893 (chron. janv. 1894, Arris : 32) et l'école en 1896 (chron. janv. 1896, Arris : 247). L'hôpital et l'école constituent les deux centres d'activité essentiels de cet unique poste de mission ouvert dans les Aurès. D'Arris, ce poste sera transféré à Médina vers 1910 ; il sera fermé, comme nous le verrons, dans le climat de violence qui a agité la région lors de la première guerre mondiale.

Le premier rapport émanant de ce poste est très optimiste, les Chaouia y sont présentés comme « *une fraction des Berbères* », au même titre que « *leurs frères Kabyles du Djurdjura ou Mozabites du désert.* » (chron. janv. 1894, Arris : 32).

L'habitant de l'Aurès est « *d'un caractère gai, ouvert, jovial même* […]. *Ils semblent heureux de nous posséder au milieu d'eux, ils nous le répètent sans cesse sous toutes les formes* » (*idem* p. 35). L'illusion sera de courte durée ; la mission elle-même sera de courte durée puisque l'unique poste ouvert sera fermé en 1917 dans un climat insurrectionnel.

Pendant les vingt quatre années qu'aura duré cette mission (1893-1917), les données collectées sont peu abondantes, elles peuvent être regroupées autour de trois thèmes :
— Organisation sociale.
— Attitude face à l'école.
— Attitude face à la conscription.

♦ En matière d'**organisation sociale**, les archives consultées ne comportent aucune monographie détaillée semblable à celles qui ont été mentionnées pour la Kabylie : ici, le terrain est inaccessible, le seul point qui ait retenu l'attention des missionnaires concerne la « licence des mœurs féminines » et le statut prépondérant des femmes. C'est la raison pour laquelle ils considèrent que leur conversion est une nécessité urgente et impérative. Cette nécessité est souvent soulignée :

> « *Rappelons ici que la licence des mœurs féminines dans l'Aurès étant fort grande, l'apostolat auprès des femmes chaouiates revêt un caractère de nécessité plus urgente* […]. *Telle Chaouiate s'est mariée trente deux fois avant sa trentième année et tel chaouia s'oppose au départ de sa femme parce que, dit-il, j'ai épousé toutes les femmes et les filles de ma fraction, celle-ci est la dernière.* » (chron. oct. 1908, Arris : 798).

On rappellera qu'indépendamment de la « licence des mœurs », la nécessité de convertir les femmes a souvent été soulignée comme une priorité en Kabylie aussi. Le rôle prépondérant des femmes dans la transmission du système de valeurs est sans doute la raison principale qui explique cette priorité.

Dans les Aurès, l'évangélisation est restée un vœu pieux ; il y a peut-être eu des tentatives de conversion individuelle (elles ne sont mentionnées dans aucun rapport), mais elles sont restées vaines ; dans ce contexte, on ne peut a fortiori pas parler de communautés chrétiennes. C'est en filigrane que sont signalés les obstacles contre lesquels a buté cet apostolat, ils sont identiques à ceux rencontrés en Kabylie ; les chroniques, sans être très détaillées, en signalent deux :

– La **solidarité** (même si elle n'est pas mise directement en relation avec les conversions) :

> « *Il existe dans nos montagnes une solidarité telle que le dénonciateur connu pourrait considérer sa vie en danger* (suit l'histoire d'une dette de sang non « payée »). « *Il faut conclure de là qu'une tribu est solidaire d'un crime commis par l'un des siens à l'égard de la tribu de la victime. On comprend facilement combien il sera difficile d'extirper de pareils usages surtout chez des peuples aussi indépendants que le sont nos Aurésiens…* » (chron. août 1895, Arris : 582).

De même qu'elle s'oppose à la pénétration de la justice française, cette solidarité qui enserre l'individu s'oppose à la pénétration du christianisme.

– « **Le respect humain** » est signalé ici aussi comme « *le grand obstacle des conversions individuelles.* » (Rap. annuel 1912-1913, Médina : 125).

Un autre obstacle à ces conversions est signalé, il s'agit du rôle joué par certains Kabyles marchands :

> « *Les Kabyles marchands qui parcourent le pays en tous sens racontent aux Chaouias que nos confrères de Kabylie ont gagné à la religion de Jésus Christ la plupart des Kabyles. Tous les pauvres – et ils sont nombreux chez eux – se sont donnés corps et âmes aux marabouts roumis. S'ils n'y prennent pas garde, la même chose arrivera dans l'Aurès. Toutes ces grossières exagérations ne sont pas faites pour calmer le fanatisme des gens qui nous entourent.* » (chron. avril 1899, Arris : 159).

En matière de conversion, un dernier détail mérite d'être signalé non pas seulement parce qu'il est amusant mais parce qu'il est significatif : il s'agit de l'unique fois qu'une tentative de conversion est explicitement évoquée :

> « *Vers la fin du mois, les Pères D. et L. s'en vont à Taghirt Sidi Bel Kheir essayer de convertir un vieil Italien, gardien des mines de mercure de l'endroit. Leurs efforts sont infructueux, le pauvre vieux ayant presque pris toutes les habitudes des Chaouias. Il s'est même fait tebib, promet à ses clients de les guérir par la vertu de Dieu et de Sidi Bel Kheir.* » (chron. Oct. Déc. 1895, Arris : 68).

Dans ce cas, certes particulier, ce sont les coutumes des Aurès qui ont pris le dessus ; le vieil Italien y a, pourrait-on dire, perdu son latin.

♦ Si le refus est net face à la religion, il l'est tout autant face à **l'école**. Sur ce point aussi, les archives livrent très peu de données. On sait, par exemple, qu'à l'ouverture de l'école d'Arris, les notables (*Kebar*) demandèrent aux missionnaires :

> « *d'introduire dans les programmes l'étude du Coran sous forme d'étude d'arabe, ce qui, disaient-ils, concorderait bien avec l'étude du français.* » (Avril-Juin 1896, Arris : 417).

Ces chroniques donnent quelques indications sur l'hostilité que la région a opposée à la scolarisation :

> « *L'imam ou marabout du village* (va trouver les mères) *et leur assurer que leurs enfants priaient déjà avec les Roumis. Effrayées, elles arrivent l'après-midi réclamer leurs enfants. Mais le Père Supérieur les renvoie, disant qu'il ne traiterait cette affaire qu'avec les hommes* […]. *Le 8, les pères viennent nous trouver à leur tour, ils disent qu'ils voudraient bien laisser leurs enfants ici, mais qu'ils ne peuvent résister à la critique du public et aux menaces de leurs femmes qui veulent divorcer* […]. *L'œuvre de la formation des filles est importante, puisque les femmes font la loi dans ce pays, menaçant à chaque instant de divorcer lorsque les hommes n'agissent pas selon leur manière de voir.* » (chron. Oct. 1898, Arris : 50-51).

Nous ne disposons d'aucune statistique, mais il est clair que l'hostilité de la population et la courte durée de l'expérience font que les résultats de cette politique de scolarisation furent nécessairement très minces sinon nuls.

♦ Si le terrain des Aurès, est resté fermé et inaccessible à tout point de vue, ces chroniques nous livrent en revanche des données intéressantes sur les rapports de la région avec l'autorité coloniale et en particulier sur la **conscription**.

Au vu de ces données, on peut affirmer que cette région n'a jamais été véritablement « pacifiée ». Une révolte est signalée en 1879 :

> « *Ces Berbères de l'Aurès, sont fiers et indépendants. Leur révolte de 1879 les a humiliés, on leur a confisqué les terres de Médina. Nous en occupons une parcelle, les anciens propriétaires nous le reprochent amèrement.* » (Rap. annuel 1912-1913, Médina : 123).

Un climat pré-insurrectionnel est signalé en 1908 :

> « *Un événement qui a beaucoup impressionné l'Aurès, c'est la question marocaine. Chaouias ici, Chaouias là-bas, les deux branches de la famille ne pouvaient manquer de sympathiser ensemble. On a parlé plusieurs fois,*

sinon d'insurrection, au moins d'effervescence et certaines mesures de sûreté ont été prises à divers moments. Nous attendons prochainement le passage d'une colonne d'artillerie de montagne qui doit bivouaquer à Arris, elle démontrera aux indigènes qu'il y a encore des troupes à Batna. » (chron. Oct. 1908, Arris : 801).

Les rapports avec l'administration coloniale se sont davantage tendus lors de la première guerre mondiale, les Chaouias ayant refusé de lever des contingents pour l'armée française :

« *Nous combattrons les Allemands, disaient-ils, quand ils voudront envahir notre pays. En attendant, nous fournirons du blé, de l'orge, des mulets, tout ce qui sera réquisitionné pour les soldats français. Quant à nos fils nous les gardons. Nous ne voulons pas les exposer à la mort. Les chefs de confréries et les Khouan se sont opposés au départ des Chaouias pour la guerre [...] mais ils n'ont pas su se mettre d'accord, renouvelant ainsi leur histoire de tous les siècles. Les Berbères indépendants et fiers n'ont jamais pu s'entendre : la division les a toujours perdus.* » (Rap. annuel 1914-1915, Médina : 119).

Face à ce refus, l'administration française eut recours à la fermeté, ce qui déclenchera une réaction violente :

« *Dès le début, nos montagnards étaient résolus à ne pas fournir de recrues et comme pour éviter des conflits, les autorités n'avaient pas insisté [...]. Mais dans le courant de l'année 1916, des ordres formels arrivèrent prescrivant la levée d'un contingent. Les Beni Bou Slimane, tribu restée toujours remuante, parlèrent alors de résister au besoin par la force ; l'esprit d'insubordination s'étendant peu à peu autour d'eux, l'on vint à comploter une révolte [...]. Le 11 Novembre pendant la nuit le sous-préfet de Batna, de passage à Mac-Mahon sur la ligne de Biskra, a été massacré, ainsi que l'administrateur de la commune [...]. Les missionnaires ont dû se réfugier d'urgence dans la maison forestière.* » (Rap. annuel 1916-1917, Médina : 69-70).

D'importantes troupes ont été dépêchées sur les lieux.

C'est dans ces circonstances que l'unique poste de mission ouvert vingt ans auparavant, a dû être fermé ; aucun des documents analysés ne le mentionne après 1917, à l'exception du rapport annuel de 1920-1921 qui signale le départ des missionnaires en juin 1920 :

« *A propos de Médina, je signalais, l'an dernier que cette station avait été rattachée à la Préfecture apostolique de Ghardaïa. Nos confrères n'ont pas trouvé là les avantages et les possibilités qu'ils avaient espéré tout d'abord ; ils se sont donc retirés dès le mois de juin 1920 et le soin de surveiller la propriété, louée pour dix ans à des colons, a été de nouveau confié au Supérieur de la Mission d'Algérie* » (Rapport annuel 1920-1921, Rapport Général : 201).

Photo 12. *Aurès* : Hôpital d'Arris, fondé en 1895.

CHAPITRE IV

Le Mzab : hermétisme et courtoisie

Photo 13. *Mzab, Ghardaïa* : poste de mission.

Aussi étonnant que cela puisse paraître, les archives des Pères Blancs livrent plus de données sur le Mzab que sur les Aurès. L'analyse qui en sera faite est nécessairement incomplète car les archives relatives au Mzab n'ont été exploitées que partiellement, jusqu'en 1930.

L'installation des Missionnaires d'Afrique dans le Mzab fut le résultat de douze années (de 1872 à 1884) d'efforts tenaces : la première tentative d'installation remonte à 1872, les missionnaires avaient « *pu acheter, dès cette époque, au pied de Mélika, ville voisine de Ghardaïa, un terrain et une maison ; mais cet achat alarma tellement la race m'zabite que des plaintes en furent adressées en haut lieu, et les missionnaires durent pour un temps renoncer à leur projet d'installation* » (chron. Pères Blancs, n°101, 1903 : 240).

Contraints de renoncer à une ville du Mzab, les Missionnaires ouvrirent, en 1874, un poste à « *Métlili des Chambas, à 34 kilomètres au sud de Ghardaïa* » (*idem* : 240) ; ils durent fermer[1] ce poste en 1878 suite au massacre d'une de leur mission par les Touaregs. Il a fallu attendre l'annexion du Mzab en 1882 (la chronique des Sœurs Blanches de janv. 1922 rappelle en page 207 les étapes de cette annexion depuis 1852) pour que l'ouverture du poste des Pères Blancs devienne possible, en janvier 1884 (le diaire de Ghardaïa, dont un extrait est joint en annexe, relate par le menu détail les conditions difficiles de cette installation). Le poste des Sœurs Blanches fut ouvert en 1893.

A la différence des Aurès et de la Kabylie, le Mzab apparaît comme une société plus diversifiée : s'y côtoient en effet des Mozabites, des Arabes (Chaamba et autres sunnites), des Juifs et des Noirs. Dans le dispensaire de Ghardaïa :

> « *La salle des hommes offre un curieux mélange de Gourariens, de Nègres et de Chaamba. Quelques Mozabites purs restent isolés : ce sont les pharisiens de l'islam, ils ne se commettent pas avec les étrangers.* » (Sœurs Blanches, chron. janv. 1900 : 141).

---

[1] La chronique des Pères Blancs (n° 101 de l'année 1903) contient un long rapport sur l'activité des missionnaires dans la « Province du Sahara », dans ce rapport sont précisées les raisons pour lesquelles a été fermé le poste de Métlili : « *C'est de là que partirent, en 1876, au commencement de janvier, nos trois chers frères, les P.P. Menoret, Paulmier et Bouchand. Ils voulaient se rendre à In Salah et furent massacrés avec un de leurs chameliers vers le 25 Janvier par les Touaregs auxquels ils s'étaient trop imprudemment confiés. Après cette catastrophe, Métlili conserva encore deux ans des missionnaires, mais au mois de Février 1878, les missionnaires furent rappelés et le poste fut momentanément supprimé* » (p. 240). Sur le massacre de deux missions des Pères Blancs par les Touaregs, voir l'ouvrage de F. Renault, *op. cit.*

Cette diversité – qui n'autorise cependant pas de mélanges – trouve sa projection dans l'espace :

> « *Les cimetières sont nombreux à Ghardaïa, on distingue celui des étrangers, ceux des Juifs[2], des Arabes et des Mozabites, ces derniers surtout sont immenses.* » (Sœurs Blanches, chron. janv. 1907 : 119).

Si les morts sont séparés, les vivants le sont tout autant et la disposition des quartiers obéit à la même logique. Nous n'avons pas de précision sur l'emplacement de la maison des Sœurs, mais nous savons que celle des Pères se trouve dans le quartier juif, c'est à un certain Isaac Ben Daoud que les missionnaires louent leur maison (chron. Pères Blancs, avril 1884 : 76).

L'espace ibadite – espace sacré – était inaccessible, le moindre contact avec l'étranger aurait risqué de le souiller. Cette diversité était aussi une hiérarchie et les Ibadites en occupaient le sommet ; c'est cette position qui leur dicte une totale réserve en toute circonstance :

> « *En souvenir du pays natal, ils* (les Noirs) *exécutent des airs et des danses propres à leurs tribus, tandis que les graves Mozabites les regardent, drapés dans leurs burnous. La danse leur paraît un amusement puéril et bon pour les Nègres. Jamais un Mozabite homme ou femme ne danse, c'est pour lui chose défendue.* » (chron. Sœurs Blanches, janv. 1907 : 121).

La pratique de l'esclavage est quelquefois signalée :

> « *On a fait publier dans les différentes villes du Mzab la défense de vendre des Nègres, menaçant d'amende et de prison ceux qui seraient en contravention.* » (chron. Pères Blancs, avril 1884 : 76).

Le Cardinal Lavigerie ayant engagé une campagne anti-esclavagiste, les missionnaires achetaient souvent les esclaves qu'ils tentèrent de regrouper en petites communautés de catéchumènes :

> « *Le Kabyle Hassein Ben Bouzic* (sic) *nous apprend qu'il y a un petit Nègre à vendre* […] *Les Kabyles et nos amis de Ghardaïa viennent souhaiter la bienvenue à nos petits Nègres.* » (chron. Pères Blancs, oct. 1884 : 179).

Ici comme pour les Aurès, pas de monographie ni d'analyse globale de l'organisation sociale ; sur la difficulté, voire l'impossibilité d'accès au terrain, les chroniques sont très claires :

> « *A vrai dire, cette société mozabite est encore très peu connue, on se fait peu d'idée de la difficulté que l'on rencontre à se faire donner quelques renseignements sur sa langue, ses croyances ou ses coutumes. Très fiers et tout*

---

[2] Pour Ghardaïa, René Vanlande signale que la population comprenait : « *Douze mille Mozabites et un millier de Juifs* » (Vanlande 1929 : 132).

ensemble très craintifs et très étroits, ces gens ne veulent absolument pas qu'on les connaisse. » (chron. Pères Blancs, déc. 1903 : 242).

Les quelques indications précises que livrent ces chroniques concernent :
– La charge de cheikh : « *Contrairement aux habitudes arabes, le cheir'at n'est pas héréditaire, il est donné seulement à vie et par le suffrage individuel.* » (chron. Pères Blancs, Oct. 1886 : 335).

En la matière, les Mozabites ont transposé sur une charge religieuse, le vieux mode pan-berbère de désignation de l'*amγar*, à une seule différence près : la charge d'*amγar* n'est pas donnée à vie[3] chez les autres Berbères, mais pour une période déterminée, généralement courte.
– Les prisons : « *Dans plusieurs villes du Mzab, il y avait deux prisons : la prison laïque et la prison religieuse, mais dans l'une comme dans l'autre, le coupable n'était retenu que cinq à six jours, et encore, fallait-il qu'il ne fût pas citoyen car jamais un de ceux-ci ne pouvait être emprisonné.* » (*idem* : 339).

On rappellera que les droits coutumiers berbères ne prévoient, en général, pas de peine d'emprisonnement.
– La *tebria* ou l'excommunication : La législation mozabite ne prévoyant ni de peine d'emprisonnement pour les citoyens (les prisons étant réservées aux étrangers) ni de châtiments corporels[4] que les

---

[3] Emile Masqueray (1995 : 213 et 214) donne des indications intéressantes sur le mode de désignation de l'imam lors de la fondation de Tahert, il puise ces données du livre des *Ciar d'Abi Zakaria* :
- à l'origine, « *l'imam était élu mais révocable. Il est vrai que la seule cause possible de révocation était l'innovation en matière religieuse, ce qui le mettait à la discrétion des seuls ecclésiastiques.* » (note n° 10 : 213).
- la tentative des Ibadites de Tahert d'associer la Djemâa au gouvernement de la cité (selon le vieux mode berbère) « *fut énergiquement réprouvée par les docteurs d'un bout à l'autre du monde abadite.* » (p. 214). Cette « innovation » leur a même valu une lettre de rappel à l'ordre, écrite par le Cheikh du Caire : « *il y est dit textuellement que l'imam peut se dispenser dans tous les cas de consulter la djemâa. Il a le droit absolu d'emprisonner, de frapper, de mutiler, de déclarer la guerre.* » (note n° 12 : 214). « *L'imam fut vainqueur* », conclut Masqueray.

[4] Masqueray (*op. cit.*) explique que les laïques du Mzab ont dû renoncer à la peine du châtiment corporel et la remplacer par l'amende car, précise-t-il (note n° 44, p. 224) : « *Tous les Berbèrs sont extrêmement jaloux de leur liberté individuelle. Ce sentiment expliquerait à lui seul l'organisation et les désordres des villages kabyles et des cités mozabites [...]. Un Mozabite n'admet pas qu'un autre Mozabite porte la main sur lui ; encore moins admet-il une peine corporelle, à moins que cette peine, venant des tolba, ne soit un « châtiment de Dieu* ». Les mêmes observations sont faites pour la Kabylie par Devaux et Daumas : « *Ainsi, la liberté étant considérée par les Kebaïles comme le bien suprême, ils ont banni l'incarcération de leur Kanoun. Quant à la bastonnade, ils la considèrent comme avilissante et le dernier d'entre eux ne supporterait pas, sans se venger, le plus petit coup, fût-il donné par le plus grand des chefs. L'amende est la seule expiation de tous les délits ou crimes non capitaux.* » (C. Devaux 1859 : 23-24), voir aussi Daumas (1847 : 52).

Mozabites considèrent comme dégradants, la peine la plus sévère était l'excommunication.

En cas de délit très grave, le coupable est exilé ; dans une société aussi soudée que la société mozabite, cet exil équivaut à une véritable mort symbolique. Il n'est cependant pas irréversible : après avoir purgé sa peine, le coupable, en position de pénitent, est soumis à une cérémonie de réintégration :

> « *La cérémonie dure plusieurs jours […]. Après avoir détruit, autant qu'il est en lui, le vieil homme par de minutieuses ablutions, après s'être revêtu des pieds à la tête d'habits neufs, le pénitent se présente à la mosquée dans une posture humble et suppliante, se met à l'endroit qui lui est indiqué et prononce d'une voix mélancolique la formule suivante : 'Ana min Allah, ou mintaïbine' (je suis des gens de Dieu et de ceux qui s'amendent). Le Chir' lit sur sa tête la Fatha, première sourate du Coran, le laisse ensuite assister à la prière dans cette position jusqu'à ce qu'on juge à propos de lui accorder le pardon et de lui permettre de prendre sa place habituelle.* » (*idem*, p. 341).

Les missionnaires ont rapproché la *tebria* des notions chrétiennes de confession, pénitence, repentir (*Cf.* « Etude sur l'extension du christianisme chez les Berbers ». (chron. 1903-1904 : 164 à 166, citée *supra*).

– La condition féminine : C'est aux Sœurs Blanches que nous devons ces données sur le monde féminin car il est clair que les Pères n'ont jamais eu accès aux maisons :

> « *L'entrée de leurs noires et obscures maisons nous est formellement refusée […]. Notre présence dans leurs demeures souillerait tout, absolument tout.* » (Pères Blancs, chron. avril 1890 : 305).

Ces chroniques montrent que malgré la grande rigueur des mœurs mozabites, les femmes y jouissent d'un statut moins austère que celui des femmes kabyles ; au Mzab :

> « *si le mari est absent pendant plus de deux ans, la femme peut se considérer comme libre. Si le mari fume, s'il boit du vin, s'il se conduit mal, s'il prend une autre femme, sa femme a le droit de demander le divorce.* » (Sœurs Blanches, chron. janv. 1907 : 117).

Ces faits ont dû étonner les missionnaires car ils reviennent dans plusieurs chroniques ; on y apprend aussi qu'à la différence de la coutume kabyle qui exhérède la femme, dans le Mzab, celles-ci « *héritent un quart de moins que les garçons.* » (*idem*, p. 118).

Ici comme dans les Aurès, est soulignée la prépondérance de la femme, car, dit la chronique :

> « *Elle possède une singulière influence sur les enfants d'abord et sur les hommes ensuite […]. Elle est inconsciemment la grande auxiliaire de la*

> *caste des tolba ; c'est elle qui, depuis des siècles, aide à entretenir dans la population un esprit de rigorisme extraordinairement étroit et y perpétue les préjugés les plus absurdes.* » (chron. déc. 1903 : 246).

Ici, nous le voyons bien, pas de mœurs licencieuses comme dans les Aurès ; c'est par l'austérité et la rigueur en matière de religion que les femmes se distinguent et, dans ce contexte, une fonction féminine propre au Mzab a attiré l'attention des missionnaires, il s'agit des laveuses de mort : *timsirdin*. Elles sont :

> « *chargées de veiller à la conservation des traditions religieuses et des coutumes du pays* […]. *Les fervents Mzabites appellent les* timsirdin *pour la naissance, les décès, et parfois les mariages. Elles sont, en général, plutôt redoutées qu'aimées des personnes de leur sexe car elles ont le pouvoir de mettre dans la tebria toutes celles qui s'écartent des coutumes mzabites dont quelques unes sont très sévères.* » (chron. Sœurs Blanches, mai 1922 : 268-269).

Ces laveuses de morts « *sont nommées par les tolbas qui, cependant, tiennent compte de l'opinion populaire ; en conséquence, elles relèvent de ces lettrés qui, au nombre de douze, sont les chefs principaux au Mzab. De même que les tolbas sont absolument hostiles aux Missionnaires et réfractaires à toute influence française, les* timsirdin*, leurs fidèles auxiliaires, cherchent par tous les moyens à empêcher les femmes d'entrer en relation avec nous et de nous confier leurs enfants* » (*idem*, p. 269).

L'exercice par les femmes de fonctions liées au sacré est un fait ancien, connu de toutes les sociétés méditerranéennes. L'organisation théocratique et l'austérité des mœurs au Mzab confèrent à ces laveuses de morts une fonction de police. Les *timsirdin*, outre ce rapport particulier avec le mort, avaient un atout supplémentaire: l'accès à la culture écrite :

> « *Lalla Sliman était une femme d'environ 35 ans. Sa tenue était simple* […] *à côté d'elle gisaient plusieurs gros bouquins écrits en caractères arabes. Lalla Sliman est paraît-il, une érudite ; non seulement elle sait lire, ce qui n'est pas très rare chez les femmes au Mzab, mais elle fait aussi des conférences aux jeunes filles et aux femmes de Ghardaïa.* » (*idem*, p. 271).

Outre ces quelques données relatives à l'organisation sociale, les chroniques livrent de très rares indications sur la langue ; celle-ci est présentée (en particulier pour les enfants) comme un obstacle à toute influence extérieure :

> « *Le Mozabite en effet a sa langue nationale si on peut ainsi parler, langue qui jusque là est restée la propre langue de la famille, celle que parlent plus*

particulièrement les femmes et dans laquelle les enfants sont élevés. Sans doute, les hommes d'âge mûr connaissent l'arabe [...] mais ce n'est souvent, en effet, qu'à un âge avancé, lorsqu'il est déjà trop tard pour tenter quelque chose, que les enfants mozabites commencent à savoir un peu l'arabe. » (chron. Pères Blancs, oct. 1893 : 642).

Hormis ces quelques indications, il n'y a pas dans les archives analysées ici (il faut rappeler qu'elles n'ont été exploitées que jusqu'en 1930) de données plus précises sur la langue du Mzab que les missionnaires n'ont manifestement pas réussi à apprendre. Seul le rapport annuel de 1915-1916 (Pères Blancs), signale en page 97 un travail sur le mozabite ainsi qu'une grammaire élaborés par le Père Forca[5]. C'est en arabe dialectal, en « arabe vulgaire » dit le rapport de 1907-1908 (Pères Blancs), qu'est traduite « l'Histoire Sainte » (p. 39). On peut rappeler que pour la Kabylie, les premiers textes religieux traduits en kabyle remontent à 1895 (*Cf. supra*), ce qui signifie qu'à cette date le kabyle n'avait plus de mystère pour les missionnaires.

La rareté de ces données – qui contraste avec le foisonnement des informations sur la Kabylie – est due à l'inaccessibilité du terrain, les chroniques ne cessent de le répéter : le Mzab est hermétique et les Mozabites le sont tout autant ; les qualificatifs ne manquent pas pour les décrire :

« *Ce sont les pharisiens de l'islam.* » (Sœurs Blanches, chron. 1900 : 141).
« *Orgueil, ténacité, mystère, voilà le fond du caractère des Beni Mzab.* » (Pères Blancs, chron. oct. 1886 : 328).
« *Tout froisse ces puritains du désert, la vue des croix les scandalise, le son des cloches rend inutiles leurs prières, la construction d'une synagogue les empêche de dormir, la nomination d'un cadi malékite les agace et les tourmente horriblement.* » (chron. Pères Blancs, juillet 1888 : 366).

Quant au rapport annuel de 1915-1916 (Pères Blancs), il qualifie les Mozabites de « *véritables hérissons de l'islam, qu'on ne sait comment prendre.* » (p. 97). Ils ne donnent pas prise en effet ou plus exactement, il est difficile de les atteindre car, dit une autre chronique évoquant Beni-Isguen :

« *ils nous reçoivent toujours avec la même systématique indifférence, je devrais dire avec le même orgueilleux dédain.* » (chron. Pères Blancs, n° 90, 1901 : 300).

Il est donc clair que les Mozabites ont opposé un refus catégorique sur tous les fronts : non à l'école, non à la religion, non aux médicaments,

---

[5] Ces archives n'ayant pas été analysées de manière systématique, les travaux sur la langue n'ont pas été consultés ; nous ne savons pas s'ils ont été conservés dans le fonds d'archives des Missionnaires d'Afrique.

non à la conscription. Si nous revenons sur ce refus qui n'admet aucune nuance, c'est parce que dans le Mzab, il a pris des formes spécifiques. En règle générale, les Djemaa du Mzab s'étaient donné une arme souveraine : quiconque fréquentait les Français était passible d'excommunication :

> « *Les membres de la Djemaa menacent de démissionner plutôt que de permettre à leurs fils de fréquenter les Français.* » (chron. Pères Blancs, juillet 1888 : 366).

L'établissement de l'état civil, par exemple, est perçu comme une grave ingérence qui autorise l'appel à la résistance : L'administration procède à un recensement, peu après l'annexion du Mzab :

> « *C'est notre voisin, le Rabbin Isaac qui ouvre la liste, quel magnifique commencement ! Cette famille compte plus de trente membres [...]. N'aimant guère à ce qu'on se mêle de leurs affaires, les Mzabites refusent de laisser écrire le nom de leurs femmes. Ils prétendent que c'est défendu, les marabouts vont jusqu'à traiter cette mesure d'empêchement dirimant. Ils se réunissent, poussent à la résistance et se rendent en corps au bureau arabe.* » (Pères Blancs, chron. juillet 1885 : 404).

Bien que les contacts aient été inévitables, la distance demeurait la règle. Dans ce contexte, il était inconcevable que les missionnaires entreprennent la moindre tentative de conversion, ils se contentèrent donc d'ouvrir un dispensaire (tenu par les Sœurs) et une école.

♦ **Les médicaments.** Nous l'avons vu pour la Kabylie, les médicaments étaient un moyen d'établir les premiers contacts ; si l'eau de fleur d'oranger a pu faire des miracles en Kabylie, elle ne fut d'aucun secours pour les missionnaires au Mzab :

> « *Quelques-uns poussés par le fanatisme, excités par leurs marabouts, préféraient voir mourir sous leurs yeux leurs parents que d'avoir recours à nos remèdes.* » (chron. Pères Blancs, oct. 1893 : 641).

Ici, les médicaments du Chrétien sont indésirables pour plusieurs raisons :
  – Ces médicaments n'ont rien de supérieur puisque Dieu seul dispose du pouvoir de guérir :

> « *Les Béni-Merzoug et les Medabiah ne se montrent pas trop récalcitrants. Dès les premières années, ils ont accepté les services du secteur militaire qui s'est offert à vacciner les enfants. Plus fiers et prétendant que Dieu seul commandait à la mort, les Béni Mzab refusèrent les soins des Roumi. Le châtiment ne se fit pas attendre, la petite vérole se déclara chez eux.* » (Chron. Pères Blancs, Juillet 1885 : 401).

Ces médicaments sont impurs, porteurs de souillure. C'est la raison majeure de ce refus, elle revient dans presque toutes les chroniques. Beni-Isguen ferme ses portes au médecin militaire :

> « *ne voulant pas – elle qui croît posséder l'oracle de l'islamisme et des autres connaissances humaines – être souillée par le contact d'un Gou-aman (fils de l'eau) ou d'un Oudellal (porteur de chapeau).* » (idem, p. 401).

Le rapport annuel de 1915-1916 (Pères Blancs) précise que « *ceux qui meurent après les* [les médicaments] *avoir pris vont infailliblement en enfer.* » (p. 97).

– Dernière raison et non des moindres : on ne fait pas la charité à un Mozabite :

> « *La gratuité de nos remèdes humilie profondément ces natures orgueilleuses.* » (Pères Blancs, Rap. annuel 1916-1917 : 72).

Ce lien entre charité et rapport de domination semble avoir été très nettement perçu au Mzab :

> « *Chez nous, on dit* [affirme un Mozabite] *celui qui donne le pain donne la loi* » (Sœurs Blanches, chron. janv. 1900 : 149).

Si les médicaments ont été seulement rejetés parce que considérés comme inefficaces devant la volonté de Dieu, impurs et humiliants, on verra que l'école et la conscription, elles, feront l'objet d'un refus actif. Ce sont des points sur lesquels se manifeste une différenciation nette entre les réactions du Mzab et celles de la Kabylie.

◆ **L'Ecole**. Aussitôt installés au Mzab, les missionnaires ouvrent une école à Ghardaïa qui, au début, n'est fréquentée que par une « *vingtaine d'élèves juifs et arabes.* » (chron. Pères Blancs, avril 1884 : 75). Au même moment, en janvier 1884, une autre école publique donc laïque est ouverte. Outre la concurrence, les missionnaires doivent faire face à de sérieux problèmes administratifs occasionnés par l'ouverture de leur école (voir extrait du diaire de Ghardaïa joint en annexe). En 1885, la fréquentation de cette école publique devient obligatoire, ce qui provoque une très vive réaction au Mzab :

> « *Une lettre du Commandant Supérieur demande à Ghardaïa soixante enfants de plus pour l'école du bureau. C'est une vraie panique et l'exécution des fameux décrets n'a pas dû produire en France une plus vive sensation, on s'agite, on crie, les chaouchs parcourent les rues, on se croirait à la veille d'une insurrection* […]. *Journée des remplaçants, je connais plusieurs Mzabites qui en ont acheté à leurs fils au prix de quinze, vingt et soixante francs.* » (chron. Pères Blancs, juillet 1885 : 404).

On pourrait penser à une réaction « épidermique » donc passagère ; il n'en est rien, les Mozabites continueront à refuser l'école et à « acheter » à leurs enfants des remplaçants noirs, juifs, mais surtout arabes ; quelques chroniques en viennent même à le déplorer :

> « Ici, l'obligation scolaire n'existe pas. C'est un malheur pour notre prestige et l'honneur de la France. Aussi, parents et enfants en profitent-ils pour faire deux grands pieds de nez aux instituteurs et éducateurs de la jeunesse […]. Quelques Mzabites – le croirait-on – substituent des élèves à leurs propres fils. Ils achètent un remplaçant arabe, et moyennant une somme de 40 francs, l'affaire est arrangée, les devoirs sont remplis et l'Arabe va en classe pour le Mzabite. » (Pères Blancs, chron. janv. 1899 : 59).

Pensant être plus efficace, l'administration ouvre, en 1907, une école spécialement destinée aux enfants mozabites :

> « C'était à qui n'enverrait pas ses enfants à cette classe, à qui parmi les gens aisés et considérés trouverait quelque fils de pauvre diable et, moyennant finance, le livrerait au « Roumi » à la place de son propre fils. Les autorités religieuses et les femmes, les deux grandes puissances mozabites au temps présent, étaient les plus acharnées. Des pères de famille, affolés, accompagnaient en pleurant leurs enfants allant pour la première fois à la classe française. »[6] (chron. Pères Blancs, oct. 1907 : 597).

Ces mesures coercitives sont sans effet puisque le rapport annuel de 1913-1914 réaffirme le constat d'échec :

> « Les Mzabites restent toujours réfractaires, notre école n'en comptait qu'un petit nombre. Les chefs religieux, qui veulent à tout prix maintenir leur influence, luttent contre ce qui pourrait l'entamer. Ils ne veulent ni de l'école ni des soins médicaux. » (Rap. Annuel, Pères Blancs 1913-1914 : 105).

En 1917, sous la double pression de l'école laïque (quelques tensions sont signalées dans le rapport annuel de 1917-1918 : 80) et de la fin de non-recevoir opposée par les Mozabites, les missionnaires sont contraints de fermer leur école (Pères Blancs, Rap. annuel 1917-1918 :

---

[6] Cette situation d'arrachement ressemble en tous points à celle qui a été décrite pour l'aire touarègue en 1950 : Eghlezé Ag Foni : « Récit d'un internement nomade », in *REMMM* n°57, 1990/3, p. 113 à 121. « *La première école de l'Adrar dans la subdivision de Kidal avait été créée (en 1947) […]. Les nobles n'en voulaient pas mais ils avaient donné leur accord de principe aux Français […] alors ils avaient naturellement la responsabilité de fournir des enfants. Ils allaient le faire mais d'une façon injuste. C'est pourquoi au début la majorité des élèves […] provenaient de tribus vassales en général. Comme personne ne voulait cela, il a fallu confier les enfants qui n'avaient pas de grand soutien et dont on n'avait pas peur des parents, ceux qu'on pouvait prendre le plus facilement.* » (p. 113).

140). Elle sera rouverte en 1921-1922 avec des chiffres records : « *l'école compte à peu près 80 enfants presque tous Mozabites.* » (Rap. annuel Pères, Blancs 1921-1922 : 238). Nous n'avons pas trouvé dans ces chroniques d'éléments susceptibles d'expliquer cette relative ouverture du Mzab face à l'école en 1921 ; de même que (pour la période analysée) nous n'avons aucune donnée sur l'impact de l'école laïque dans la région. Les quelques données incluses dans ces archives permettent cependant de faire les remarques suivantes :

– Sur ce « front » de la scolarisation, la position du Mzab rejoint celle des Aurès et diverge nettement de celle de la Kabylie. Au moment où les missionnaires sont contraints de fermer leur école dans le Mzab, celles de la Kabylie ont depuis longtemps formé les premières promotions d'instituteurs et, trop sollicitées, elles sont devenues trop étroites. Dans la forme du refus, l'analogie est nette entre le Mzab et l'aire touarègue : dans ces deux sociétés hiérarchisées (même si la hiérarchie ne revêt pas les mêmes formes), l'obligation scolaire a été contournée en « livrant » à l'école des enfants issus de catégories sociales jugées inférieures et qui, donc, pouvaient – sans risque de déshonneur ou de souillure – se mélanger à l'étranger.

– Les Mozabites ont pu résister à l'école française parce que leur long parcours de tendance minoritaire au sein de l'islam leur a permis de construire (et de conserver) un système de scolarisation qui répondait à leurs besoins. Pour leurs activités économiques, les Mozabites pouvaient très bien se passer de l'école française, chrétienne ou laïque : ils ont certes émigré pour les nécessités de leur commerce mais, à la différence des Kabyles, ils ne se sont pas prolétarisés. Or, on sait très bien que pour la Kabylie, l'école et l'émigration vers la France sont allées de pair, la première ayant facilité la seconde.

◆ **La conscription.** Ces remarques relatives à l'école seront, comme nous le verrons, valables pour la conscription avec plus d'acuité : si l'école a représenté un arrachement, la conscription sera assimilée à la mort. La levée obligatoire de contingents dans le Mzab commence un peu plus tard que dans les Aurès (en 1917-1918). Outre le refus de la conscription qui, vu le contexte, n'a rien d'étonnant, il est intéressant de noter que, pour le Mzab, l'enrôlement d'un jeune homme dans l'armée française équivalait à une mort, voire à une damnation. L'événement était marqué par une cérémonie de deuil et ce sont les religieuses, en raison de leurs contacts avec les familles, qui ont pu en rendre compte :

> « *Un tel est mort ? – Il est plus que mort répond quelqu'un, il est deux fois mort, il est damné. Et, le silence étant rompu, on apprend aux visiteuses que*

le jeune homme en question a été pris à Alger pour le service militaire. » (chron. Sœurs Blanches, janv. 1922 : 210).

Les religieuses étaient arrivées dans une famille endeuillée : la mort évoque le risque qu'encourt tout jeune homme conscrit, mais la damnation renvoie incontestablement à la dimension religieuse : c'est le risque encouru par quiconque se bat sous la bannière de « l'infidèle ».

Dans les Aurès, la conscription a soulevé une réaction insurrectionnelle suite à laquelle les missionnaires ont dû fermer leur poste (*Cf. supra*) ; dans le Mzab, aucune violence mais un refus tenace et obstiné. La solution est la même que celle qui a été adoptée pour l'école : « l'achat » de remplaçants ; mais pour (ou plutôt contre) la conscription, elle semble avoir été mieux organisée :

> *« La conscription militaire vient réveiller le fanatisme et tout désorganiser au Mzab. Actuellement, les Abadites sont uniquement préoccupés de cette pensée : le service militaire étant incompatible avec nos idées religieuses, nous ne devons reculer devant aucun sacrifice pour conserver notre religion. Nos Mozabites ont passé tout l'hiver et le printemps à organiser la résistance. Au Mzab, ils opposeront la force d'inertie – les jeunes gens ont défense de se présenter au conseil de révision sous peine d'excommunication – à Alger, 64 personnages influents cherchent des protections. « Avec notre argent, disent malicieusement nos Mozabites, nous ferons un chemin dans la mer ». Déjà 460.000 francs auraient été recueillis dans le but d'acheter des influences. »* (Rap. annuel, Pères Blancs 1917-1918 : 140)[7].

Face à ces changements imposés de l'extérieur, le bloc mozabite est resté hermétique, les très rares fissures que signalent ces archives sont, par exemple, les suivantes :

> *« Certains « jeunes » ne gardent même plus la réserve extérieure caractéristique de leur race et affichent les mœurs licencieuses du Nord : tabac, absinthe, etc. D'autres jouissent ostensiblement des richesses acquises et montent chevaux dorés. En face, le parti encore imposant des « vieux » qui gémissent, grondent, excommunient »* (Rapport annuel, Pères Blancs, 1911-1912 : 145).

---

[7] Le service militaire a toujours constitué – jusqu'au milieu des années 1930 au moins – un point de discorde entre les notables du Mzab et les autorités françaises. Voir le document adressé à ce sujet par la « Fédération des élus mozabites » aux « Pouvoirs publics français pour la défense de leurs intérêts ». Ce document est intitulé : « Question mozabite ; le service militaire obligatoire, conséquence de son application au Mzab ». Sous forme de mémoire, il est présenté par : « Omar Ben Aïssa Ben Brahim, Président de la Fédération à l'occasion de la commémoration du centenaire de l'Algérie ». Document de 38 pages, ronéoté. Ce document est un chef d'œuvre de diplomatie.

Le parti encore dominant des « vieux » a dû tenir fermement les rênes car ces comportements nouveaux (sans doute marginaux) n'ont plus jamais été signalés. Il a fallu attendre 1924 pour qu'une autre innovation, vite réprimée, soit signalée : il s'agit d'un Mozabite qui tente d'emmener sa famille avec lui vers une ville du Nord :

> « *Or, jamais les Tolbas n'ont encore permis à une femme de quitter le Mzab de peur que cette dispersion définitive ne détruise l'homogénéité de la secte. De fervents conservateurs jurèrent que l'initiative de ce novateur devait être entravée à temps et ils réussirent dans leur dessein* » (Rapport annuel, Pères Blancs, 1923-1924 : 165-166).

Jusqu'au milieu des années 1920, donc, et si l'on excepte ces quelques cas isolés, le bloc mozabite semble avoir fait preuve d'une remarquable capacité de résistance. Les chroniques de cette époque parlent d'une « force d'inertie » opposée par le Mzab sur tous les fronts : école, soins médicaux et a fortiori religion. Ce fait est une constante dans toutes les chroniques :

> « *Or, ce petit peuple qui fait le fond de la population qui, en raison de sa prépondérance a donné un nom au pays qu'il habite, est celui qui reste le plus fermé à notre action* ». (chron. Pères Blancs octobre 1893 : 639).

C'est précisément ce fait d'exprimer le refus par la force d'inertie qui distingue nettement le Mzab des Aurès et de la Kabylie. En effet, aucune de ces chroniques à un aucun moment ne souligne de réaction violente opposée par les Mozabites aux missionnaires, alors que la violence structurelle inhérente aux sociétés berbères est signalée comme pour les Aurès et la Kabylie : la chronique des Pères Blancs d'octobre 1886 signale « *des cycles de violence qui reproduisent en plein Sahara la fameuse vendetta des Corses* » (p. 342).

Vis à vis des missionnaires cependant, le rejet bien que catégorique est resté courtois. Si le Mzab n'a pas eu besoin de « secréter » autant de violence que les Aurès et la Kabylie, c'est parce que l'action des missionnaires, plus que prudente, a à peine effleuré un édifice social encore parfaitement charpenté et étanche.

Cette violence constitue un véritable baromètre des formes de contact que les missionnaires ont eues avec chacune de ces régions. La comparaison des trois situations sera le dernier point de cette exploration des archives missionnaires.

Photo 14. *Mzab, Ghardaïa* : Hôpital des Sœurs Blanches.

CONCLUSION

Eléments de comparaison :
Kabylie – Aurès – Mzab.

Cette comparaison manquera nécessairement de précision en raison de l'inégalité des données. Le déséquilibre est lui-même significatif : si la Kabylie a été investie et largement documentée, les Aurès et le Mzab ont été à peine entr'aperçus.

L'intérêt de ces archives se situe à deux niveaux.

Les indications qu'elles livrent (organisation sociale, coutumes, pratiques rituelles) permettent de retracer un tableau assez précis de ce qu'était la Kabylie et jusqu'à un certain degré le Mzab, à la fin du XIXe siècle et au début du XXe siècle. Ces indications mettent aussi en relief le maintien jusqu'à cette époque de certaines caractéristiques pan-berbères : dispositions du droit coutumier, pratiques rituelles, liberté de circulation des femmes *etc.*

Outre ces données ethnographiques que l'on peut retrouver avec plus ou moins de précision dans les monographies de l'époque, l'analyse de ces archives sur une assez longue durée permet de rendre compte d'une ligne de divergence dont le tracé s'est peu à peu affirmé entre la Kabylie d'une part, les Aurès et le Mzab (avec certes beaucoup de nuances) de l'autre. Cette ligne de clivage passe par trois points qui sont autant d'indices permettant de mesurer le degré de contact avec la logique nouvelle introduite par la colonisation ; il s'agit de la position de chacune de ces régions face à :
  – l'évangélisation,
  – la conscription,
  – l'école.

◆ **L'évangélisation.** En matière de conversion, les Aurès et le Mzab sont restés imperméables alors que la Kabylie a été entamée même si elle n'a pas donné, loin s'en faut, les résultats escomptés par la hiérarchie catholique. Il n'est pas étonnant que les effets de cette action d'évangélisation aient été nuls dans le Mzab : l'Ibadisme, particularisme religieux sur lequel s'est constituée la société mozabite, a été le bouclier le plus efficace contre ces « incursions » du christianisme. Des trois régions, le Mzab est la seule à avoir perçu le contact avec le chrétien (ses médicaments, son école...) comme un risque majeur de souillure ; le rejet donc, bien que non violent, fut « épidermique » et total. Si ces raisons particulières excluent le Mzab, la comparaison reste théoriquement possible entre les Aurès et la Kabylie.

Sous cet angle-là, il faut souligner l'importance des moyens mis en œuvre en Kabylie : le massif kabyle a été quadrillé alors qu'un seul poste a été ouvert dans les Aurès. On sait que le « mythe berbère », et ses conséquences (en particulier en matière religieuse et de politique scolaire) a été essentiellement « kabyle » : c'était cette région, conquise de haute lutte, qu'il fallait neutraliser en raison de sa proximité géographique avec Alger, centre du pouvoir colonial, en raison aussi de sa masse démographique. Le moyen le plus efficace de neutralisation envisagé était l'assimilation de la région par l'évangélisation et l'école.

Si l'action des missionnaires fut relativement importante en Kabylie, il faut aussi préciser (les chroniques sont très explicites sur ce point) que ce furent la misère, la ruine et la déstructuration consécutives à la défaite de 1871 qui rendirent possibles ces conversions. L'analyse de ces archives permet précisément de relativiser l'impact de ces conversions dans cette région. Nous avons vu qu'à l'apogée de cette action d'évangélisation, le nombre de ces convertis se situait entre 800 et 1000 individus ; en termes statistiques et rapportés à la densité de la population kabyle, ils représentaient une très petite minorité. En termes d'impact, ces conversions ont constitué une parenthèse fermée au moment de l'indépendance, la quasi-totalité de ces convertis ayant rejoint la France après 1962.

En réalité, l'impact de cette évangélisation se situe ailleurs que dans les conversions. Ces archives montrent bien que l'action des missionnaires, pas à elle seule mais combinée avec celle de l'école (l'école laïque est aussi fortement présente dans certains villages de Kabylie) et de l'émigration, a contribué à un certain recul de l'islam en particulier au sein des élites nouvelles de formation française, même lorsque celles-ci n'étaient pas converties. Ce recul de l'islam, et les missionnaires le constatent depuis le début du XXe siècle, n'a pas « jeté » les nouvelles élites kabyles dans le christianisme mais il a facilité leur adhésion à des idéologies de gauche (communisme, syndicalisme, voire laïcisme et anticléricalisme) puis au nationalisme.

L'issue de ces conversions et les obstacles contre lesquels avait buté l'évangélisation, mettaient à mal un des clichés du mythe berbère : la « tiédeur » vis à vis de l'islam. Ces missionnaires, en hommes et femmes de terrain, confrontés au quotidien à cette « tiédeur » n'ont cessé d'en souligner le caractère illusoire. Leurs observations rendent compte, en matière religieuse, d'une réalité plus complexe et plus nuancée :

– L'islam est présent dans toutes les régions berbérophones. C'est même l'ibadisme – vigoureuse survivance d'un particularisme religieux « berbère » – qui a constitué le bouclier le plus efficace contre l'évangélisation dans le Mzab.

– Dans les deux autres régions et surtout en Kabylie, les écarts constatés par rapport à l'orthodoxie musulmane (sur le plan juridique mais aussi dans certaines pratiques) ne militent pas en faveur d'une meilleure disposition des Berbères vis à vis du christianisme ; les chroniques ne cessent de le rappeler et la chronique d'octobre 1895 (jointe en annexe) constitue une critique en règle du « mythe kabyle » ; elle explique très clairement que :

a) Les difficultés rencontrées par les missionnaires en Kabylie sont plus grandes que celles qu'ils rencontrent en « pur pays musulman » ;

b) Face au rempart que constitue la cohésion sociale (la solidarité, dit le texte) l'islam et le christianisme sont « logés à la même enseigne ».

C'est sur ce point précis – parce qu'il est étroitement lié à leur pratique – que les chroniques rédigées par ces missionnaires font voler en éclat le « mythe berbère ». Elles le feront pour l'école – quoique sous des formes différentes – car celle-ci entre aussi dans leur champ d'action ; pour ce qui est de la conscription – qui ne les concernent pas directement – les données sont plus éparses.

◆ **La conscription.** La position face à la conscription est un indice intéressant car il permet de rendre compte des rapports qui liaient chacune de ces régions au pouvoir central, et de « mesurer » la distance vis-à-vis de ce pouvoir.

En matière de conscription, la ligne de démarcation est très nette entre la Kabylie d'un côté, les Aurès et le Mzab de l'autre : des Kabyles s'engagent dès 1895 dans la campagne de Madagascar[1], alors qu'en 1917, les Aurès déclenchent un début d'insurrection pour signifier leur refus de la conscription ; au début des années 1930, les notables mozabites font parvenir au gouvernement français un rapport dans lequel ils réitèrent leur refus du service militaire. Ce rapport – un chef d'œuvre de diplomatie – met en avant principalement l'argument religieux.

Les données relatives à la Kabylie, en matière de conscription doivent cependant être nuancées : ces archives ne livrent pas de statistique sur les enrôlements pour la campagne de Madagascar et ne permettent donc pas d'évaluer leur importance ; par ailleurs ces mêmes archives soulignent la difficulté d'obtenir, en Kabylie, des engagements volontaires pour la première guerre mondiale. En dépit de toutes ces nuances et de l'imprécision des données relatives à ce point, on sait que le service militaire est devenu dès le début du XXe siècle en Kabylie, (à la différence des Aurès et du Mzab), un fait admis[2] ; aucun mouvement de contestation n'y a été signalé pour cette époque.

---
[1] En fait, il existe des cas isolés d'engagement dans les troupes coloniales (Turcos, Zouaves, *etc.*) bien avant 1870. Quelques Kabyles combattront dans les rangs français contre les « Prussiens » en 1870.
[2] Même si l'on connaît des cas précis de tentative d'échapper à la conscription lors de la guerre de 1914-1918 par le recours à la technique du « remplaçant » payé (= *abdil*).

Cette situation n'est pas nouvelle : des Kabyles étaient engagés dans les troupes turques bien que la Kabylie ait échappé au pouvoir direct des Deys ; ces engagements individuels ne représentaient pas un signe d'allégeance de la région. On sait, par ailleurs, que les premiers contingents autochtones levés par l'armée française portaient (et ce n'est pas un hasard) le nom de « zouaves », altération de « zouaoua », nom que donnait l'armée turque à ces contingents. Ces enrôlements (qu'ils aient été volontaires ou non) prouvent un contrôle plus étroit du pouvoir colonial sur la Kabylie. Les Aurès et le Mzab ont échappé à ce contrôle entre autre à cause de l'éloignement géographique ; on a vu que les Aurès, en réalité, n'avaient jamais été « pacifiés ». Quant au Mzab, outre l'éloignement, son annexion en 1882 prévoyait une marge d'autonomie interne qui explique que la conscription n'ait été rendue obligatoire que tardivement.

♦ **L'Ecole**. Si les données relatives à la conscription manquent de précision, l'école, en revanche, a fait l'objet d'observations nombreuses, précises, et sur la longue durée.

L'école avait été perçue comme la voie privilégiée pour mener aux conversions et la relation école – conversion – assimilation était posée dès le départ. C'est principalement en Kabylie que la « greffe » de l'école a pris. Les résultats, bien que très modestes dans le Mzab ne furent pas nuls, alors que dans les Aurès, la brièveté de l'expérience (le poste de mission a dû être fermé vingt quatre ans après son ouverture) n'a pas permis de résultats significatifs.

La « greffe » de l'école a pris en Kabylie non seulement en raison de la relative importance des moyens mis en œuvre dans cette région, mais aussi à cause de la relation étroite qui commençait à s'établir entre l'école et l'émigration vers la France. Certainement aussi parce que pour les familles kabyles, l'école est apparue très tôt comme la voie royale pour échapper à la grande misère qui régnait localement ; une voie possible d'ascension, voire de revanche sociale et politique, après l'écrasement de 1871 et les bouleversements qu'il a entraînés.

Analysées sur plus de soixante ans pour la Kabylie, ces archives montrent clairement comment l'école (aussi bien laïque que privée) a pu être subvertie dans la région, et comment elle a été retournée contre l'ordre colonial.

Les données contenues dans ces chroniques font voler en éclat, ici aussi, la stratégie issue du mythe berbère (plus exactement du mythe kabyle) et qui est contenue dans cette relation : *scolarisation – évangélisation – assimilation*. Ces archives montrent, en effet, comment s'est opérée la rupture entre scolarisation et évangélisation en expliquant comment l'école est devenue progressivement un obstacle à l'évangélisation (le cas est très net aux At-Yanni) alors qu'elle avait été conçue pour en être le principal vecteur. Plus tard, et les derniers rapports sont très explicites, a été perçu et souligné le divorce entre l'école et l'assimilation.

Outre les données de type ethnographique, c'est surtout dans ce faisceau de lignes qui entrecroisent les trois régions étudiées que réside l'intérêt de ces archives ; les données qu'elles livrent contribuent aussi à la compréhension des évolutions récentes, très différenciées, de ces régions et du positionnement de chacune d'elles face à la revendication berbère ; car on sait que cette revendication est née dans et de ces processus de rupture[3] dont la fin du XIXe siècle et le début du XXe siècle ont été porteurs.

---

[3] *Cf.* Chaker 1998, notamment chap. 2.

BIBLIOGRAPHIE

ABROUS D., 1988 – « Anaya » : *Encyclopédie berbère*, V, Edisud, Aix-en-Provence, p. 633-635.

AG FONI E., 1990 – « Récit d'un internement nomade ». *REMMM, 57*, Edisud, Aix-en-Provence, p. 113-121.

AGERON C.R., 1968 – *Les Algériens musulmans et la France* (Tome I), P.U.F, Paris.

AGERON C.R., 1976 – « Du mythe kabyle aux politiques berbères », *Cahiers de Jussieu* n°2 « Le mal devoir », Paris.

AÏTH-MANSOUR-AMROUCHE F., 1990 (rééd.) : *Histoire de ma vie*, éd. Bouchène, Alger.

ARCHEVEQUÉ D'ALGER, 1875 : *L'armée et la mission de la France en Afrique*. Discours prononcé dans la cathédrale d'Alger le 25 avril 1875 pour l'inauguration du service religieux dans l'Armée d'Afrique par Mgr l'Archevêque d'Alger, éd. Jourdan, Alger.

AZEM S., 1982 – *Izlan, recueil de chants kabyles*, éd. Numidie-Music, Paris.

BENBRAHIM-BENHAMADOUCHE M., 1982 – *La poésie kabyle et la résistance à la colonisation de 1830 à 1962*, Thèse de Doctorat de 3ème cycle, E.H.E.S.S, Paris.

CAMPS G., 1988 – « Animisme », *Encyclopédie berbère*, V, Edisud, Aix-en-Provence, p. 659-672.

CAMUS A., 2005 (rééd.) – *Misère de la Kabylie*, éditions Zirem, Béjaïa.

CHAKER S., 1989 – « Une tradition de résistance et de lutte : la poésie berbère kabyle, un parcours poétique », *REMMM, 51*, Edisud, Aix-en-Provence, p. 11-31.

CHAKER S., 1998 – *Berbères aujourd'hui*, Paris, L'harmattan (2nd édit. revue et augmentée).

CHAKER S. (Dir.), 2001 – *Hommes et femmes de Kabylie, I* - (Dictionnaire biographique de la Kabylie), Aix-en-Provence, Edisud. Voir notamment notices : « Dallet », « Genevois », « Pères Blancs de Kabylie ». Voir également les notices « Lanfry », « Allain » (site Internet du Centre de Recherche Berbère de l'Inalco : www.inalco.fr\Crb).

CHAKER S., 2006 – « Berbère/langue berbère : les mythes (souvent) plus forts que la réalité » in *Berbères ou Arabes ? le tango des spécialistes*, (p. 137-153), sous la direction d'Hélène Claudot-Hawad, éd. Non Lieu, Paris

CLAUDOT-HAWAD H., 1990 : « Honneur et politique, les choix stratégiques des Touaregs pendant la colonisation française », *REMMM, 57*, Edisud, Aix-en-Provence.

COLLECTIF, 1984 – *Connaissance du Maghreb, sciences sociales et colonisation*, éd. du CNRS, Paris.

COLONNA F., 1975 – *Instituteurs algériens 1883-1939*, éd. Presses de la Fondation Nationale des Sciences Politiques, Paris.

DAUMAS E., 1847 – *La Grande Kabylie : études historiques*, Hachette et Cie, Paris.
DEVAUX C., 1859 – *Les Kebaïles du Djurdjura* ; études nouvelles sur le pays vulgairement appelé Grande-Kabylie, éd. Challamel, Paris.
DIRECHE-SLIMANI K., 1987 – *Une action missionnaire en Algérie (Kabylie-Sahara) et en Tunisie pendant la période coloniale (1873-1952)*. « Un exemple, la Société des Missionnaires d'Afrique », DEA d'histoire, sous la direction d'André Raymond, Université d'Aix-en-Provence.
DIRECHE-SLIMANI K., 1997 – « Regard chrétien et monde touareg : la Société des Missionnaires d'Afrique », *Cahiers de l'IREMAM*, 7 et 8, Aix-en-Provence, p. 239-245.
DIRECHE-SLIMANI K., 2001 – « Pères Blancs de Kabylie », *Hommes et femmes de Kabylie I (Dictionnaire biographique de la Kabylie)*, (sous la dir. de S. Chaker) Aix-en-Provence, Edisud, p. 179-186.
DIRECHE-SLIMANI K., 2004 – *Chrétiens de Kabylie 1873-1954* – Une action missionnaire dans l'Algérie coloniale, Ed. Bouchène, Paris.
ELIE G., 1923 – *La Kabylie du Djurdjura et les Pères Blancs*, Librairie Louis de Soyes, Paris.
FERAOUN M., 1992 – *Jours de Kabylie*, éd. ENAG, Alger.
FOUCAULD Ch. de, 1984 – *Textes touaregs en prose*, Edisud, Aix-en-Provence.
GENEVOIS H., 1995 – *Monographies villageoises : At-Yanni et Taguemount Azzouz*, Edisud, Aix-en-Provence.
HANOTEAU A. ET LETOURNEUX A., 2003 (rééd.) – *La Kabylie et les coutumes kabyles*, Tome I, II, III, Ed. Bouchène, Paris.
J. M. J., 1885 – *le Père Joseph Rivière de la Compagnie de Jésus, Missionnaire de la Kabylie et du Zambèze, Elève de l'Ecole apostolique d'Avignon – Vie et souvenirs par un Père de la compagnie de Jésus*, Typographie de J.-M. Freydier / Prades-Freydier, successeur, Le Puy.
LACOSTE-DUJARDIN C., 2005 – *Dictionnaire de la culture berbère en Kabylie*, Ed. La Découverte, Paris.
MASQUERAY E., 1995 – « Les kânoûn des Beni-Mzab », *EDB*, 13, p. 211-228.
MONTAGNE R., 1930 – *Les Berbères et les Makhzen dans le sud du Maroc*, Librairie Félix Alcan, Paris.
MORIZOT J., 1962 – *L'Algérie kabylisée*, éd. Peyronnet et Cie, Paris.
MORIZOT J., 1990 – « Aurès », *Encyclopédie berbère*, VIII, Edisud, Aix-en-Provence.
NOUSCHI A., 1973 – « Notes sur les migrations en Algérie dans la première moitié du XIXe siècle » *in Actes du 1er congrès d'études des cultures méditerranéennes d'influence arabo-berbère*, SNED, Alger, p. 269-275.
PODEUR J., 1995 – *Textes berbères des Aït Souab* (Anti-Atlas, Maroc), Edisud, Aix-en-Provence.
PONS Mgr., 1930 – *La nouvelle église d'Afrique ou le catholicisme en Algérie, en Tunisie et au Maroc depuis 1830*, Librairie Louis Namura, Tunis.
RENAULT F., 1992 – *Le Cardinal Lavigerie 1825-1892*. L'Eglise, l'Afrique et la France, Editions Fayard, Paris.

Turin Y., 1971 – *Affrontements culturels dans l'Algérie coloniale : écoles, médecine, religion (1830-1880)*, Editions Maspéro, Paris.

Vanlande R., 1929 – *Chez les Pères Blancs (Tunisie, Kabylie, Sahara)*, Editions Peyronnet, Paris.

Documents d'archives exploités.

Chroniques et Rapports

- Chronique de la Société des Missionnaires d'Afrique (Pères Blancs) de 1878 à 1945. Cette chronique[1] à été exploitée systématiquement dans ses parties relatives à la Kabylie, et aux Aurès.
- Chronique de la Société des Missionnaires d'Afrique (Pères Blancs) : chronique Sahara de 1879 à 1959. Cette chronique a été exploitée dans sa partie relative au Mzab seulement jusqu'en 1924.
- Mission d'Afrique. Bulletin périodique tome II (Pères Blancs) de juillet 1875 à octobre 1878. Ce document a été exploité dans sa totalité.
- Chronique des religieuses missionnaires de Notre Dame d'Afrique (Sœurs Blanches). Les parties relatives à la Kabylie et au Mzab ont été exploitées de 1900 (date du début de la chronique) à 1930.

Ouvrages

- Père Sivignon : *Au Djurdjura*, 1892.
- Père Caillavat : *Mœurs et coutumes kabyles*, 1905.
- Père Brun : *Berbères et Arabes*, 1910 (manuscrit).
- Frère Rogatien : *Réponses au questionnaire pour guider les observations sociologiques sur la famille chez les indigènes d'Afrique*, Ouarzen, le 27 novembre 1935 (manuscrit).

---

1 A partir de 1903, cette chronique se transforme en « Rapport annuel ». La numérotation des pages retenue pour les citations qui figurent dans ce travail est la numérotation originale ; elle est imprimée en noir sur les chroniques.

TABLE DES MATIERES

Préface *par* Salem Chaker	3
INTRODUCTION	7
CHAPITRE I : *La Kabylie à la fin du XIXe siècle*	15
Des pratiques aujourd'hui disparues	17
Une diaspora tentaculaire	24
La violence en toile de fond	29
CHAPITRE II : *Les conversions : un processus complexe*	37
Missions catholiques / protestantes : luttes et enjeux	39
Des rapports houleux	42
Les voies de la conversion	46
Les convertis : un long calvaire	52
Les convertis et le retour du refoulé	59
L'apostolat en Kabylie ou « les chemins qui montent »	61
L'école en Kabylie ou l'art de la subversion	69
CHAPITRE III : *L'Aurès réfractaire*	77
CHAPITRE IV : *Le Mzab : hermétisme et courtoisie*	85
CONCLUSION	101
Eléments de comparaison : Kabylie, Aurès, Mzab	
BIBLIOGRAPHIE	109
TABLE DES MATIERES	113
ANNEXES	117
[Extraits des Archives des Pères Blancs, Maison généralice, Rome]	

Sigles : postes des missionnaires en Kabylie
(utilisés dans les rapports et chroniques)

B.I. : Beni-Ismaïl (= *At-Smaεil*) ; poste de Bou-Nouh.

B.M. : Beni Menguellet (= *At-Mangellat*) ; poste de Ouaghzen (« Ouarzen »)

B.Y. : Beni-Yenni (= *At-Yanni*) ; poste d'At-Larbεa

I.A. : Ighil Ali, chez les At-Eebbas (Beni Abès) ; souvent orthographié Ir'il Aly dans les chroniques

KH. : Kherrata

O. : Ouadhias (*Tawrirt Eabdellah*, Taourirt Abdellah)

T.A. : Taguemount Azzouz, chez les At-Meḥmud (Beni Mahmoud) (= *Tagemmunt Eezzuz*)

Termes berbères ou arabes apparaissant dans le texte :

Asfel : sacrifice rituel (généralement égorgement d'un animal : poulet, caprin ou ovin).

Djemaa (forme arabe) / *tajmaεt* (« *tajmaït* ») : assemblée villageoise traditionnelle, composée de tous les hommes-citoyens adultes.

Nnif (en kabyle *tinzar*) : « nez » en arabe dialectal = « honneur et sens de l'honneur ». Voir aussi *taqbaylit* (noté *taqbaïlit*).

Timecreṭ (« *timechret* ») : sacrifice collectif d'un bœuf, avec partage de la viande, pour l'ouverture de la saison agricole ou en toute autre circonstance où la communauté à besoin de la protection ou de l'intercession des puissances invisibles (sécheresse, épidémie et autres fléaux).

TABLES DES ILLUSTRATIONS

[L'ensemble des photographies provient des Archives des Pères Blancs, Maison généralice, Rome.]

01. *Kabylie :* Entrée de maison kabyle (1939-1946) 6
02. *Kabylie :* Ornementation des maisons (1939-1946) 16
03. *Kabylie :* Peintures murales (1939-1946) 24
04. *Kabylie :* Première famille chrétienne d'Ighil-Ali 38
05. *Kabylie :* Ouadhias, village chrétien et maison des Pères, (1936-1946) 47
06. *Kabylie :* Chrétiennes et catéchumènes de Kabylie (Ouadhias) 48
07. *Kabylie :* Taguemount Azzouz, poste des Sœurs blanches . 53
08. *Kabylie :* Beni Yenni (Aït-Larba), Poste des Pères Blancs . . 54
09. *Kabylie :* Beni Yenni (Aït-Larba), Poste des Pères Blancs . . 61
10. *Kabylie :* Ecole de Ouaghzen, Père et élèves (1888?) 68
11. *Aurès :* Visite de prêtres dans les Aurès. 78
12. *Aurès :* Hôpital d'Arris, fondé en 1895. 83
13. *Mzab :* Ghardaïa, poste de mission. 86
14. *Mzab :* Ghardaïa, Hôpital des Sœurs Blanches. 99

ANNEXES

Extraits des Archives des Missionnaires d'Afrique (Pères Blancs), Maison généralice, Rome.

01. *Kabylie*. Beni-Yenni : Chronique septembre – décembre 1894. p. 118

02. *Kabylie*. Beni-Yenni : Chronique n° 68, octobre 1895. p. 127

03. *Kabylie*. Taguemmount Azzouz : Chronique n° 70, avril 1896. p. 136

04. *Mzab* (Ghardaïa). « Correspondance du Père Malfreyt 1884-1890 », côte C6 577-619.
Cette lettre, datée du 23 janvier, 1884 est la première provenant de ce poste.
p. 141

05. *Mzab*. Diaire de Ghardaïa : novembre 1883 – mars 1884. p. 145

01. *Kabylie.* Beni-Yenni : Chronique septembre – décembre 1894.

BENI-YENNI

SEPTEMBRE

25. — Le R. P. Malfreyt, nommé Provincial de la Kabylie à la place du R. P. Voillard qui, en sa qualité d'assistant, ne pouvait plus, d'après nos Constitutions complémentaires, conserver ses fonctions de Provincial, et supérieur local de la mission des Beni-Menguellet, arrive dans la soirée avec le P. Grisey qui vient prendre possession de son nouveau poste. Le P. Jullien en effet n'est pas suffisamment rétabli pour pouvoir, pour le moment, reprendre la direction de ce poste qu'il a fondé en 1883 et qu'il a quitté au printemps pour aller refaire ses forces au pays natal.

26. — Le R. P. Malfreyt part dans la matinée pour les Ouadhias, d'où il ira à Tagmouut-Azouz, puis à Maison-Carrée, prendre nous dit-il, les instructions qui lui sont nécessaires pour l'accomplissement de ses nouvelles fonctions. Arrivé, en effet, de Marseille à Maison-Carrée, le 13 septembre il en était parti le 14 au matin pour aller garder le poste des Beni-Menguellet et assurer le service religieux de l'hôpital et de Michelet, en l'absence des Pères de ce poste, tous convoqués à la retraite.

Le P. Delmas l'accompagne jusqu'aux Ouadhias et revient dans la soirée à la grande satisfaction du P. Grisey qui pour sa première journée aux Beni-Yenni, s'était trouvé seul. Le P. Caillava, en effet, était parti depuis hier pour Alger à l'effet de préparer plus surement et plus facilement son examen du brevet qu'il doit passer le 1er octobre prochain.

29 — Nous allons commencer une nouvelle année scolaire; que sera-t-elle ? Elle sera ce que le bon Dieu voudra; mais la situation est critique. C'est en effet au 1er octobre prochain que s'ouvrent les nouvelles écoles académiques, au nombre de trois. Elles vont saigner à blanc les familles pour en enlever les enfants en vertu de l'obligation scolaire qui vient d'être décrétée applicable dans la commune mixte de Fort-National à partir de cette année.

Si notre école a eu tant de mal à se recruter pendant dix ans lorsqu'il n'y avait encore qu'une seule école académique, comment fera-t-elle, maintenant qu'elle en trouve encore trois nouvelles en faces d'elle ? La tribu des Beni-Yenni, d'après le dernier recensement, n'a que six mille deux cents âmes et elle va voir dans quelques jours fonctionner six écoles : cinq écoles primaires et une école manuelle.

Décidément notre situation n'est pas gaie. Nous mettons le poste sous la protection maternelle de la Sainte Vierge afin que nous puissions nous en tirer honorablement dans ces difficiles conjonctures.

Nous n'ignorons pas que de cette rentrée scolaire dépend le sort de notre école pour longtemps ; car tous ces enfants qui auront commencé à aller dans les autres écoles seront perdus pour nous pour toujours. Et si nous n'avons que peu d'enfants, cette année, nous serons écrasés sous le ridicule ; non seulement aux yeux des européens mais des indigènes.

De cette année-ci dépend donc l'avenir de notre mission aux Beni-Yenni. Aussi, nous ne négligerons aucun des moyens que nous aurons en notre pouvoir pour assurer une bonne rentrée. Nous aviserons ensuite à une nouvelle réorganisation des classes, tant au point de vue des programmes, des méthodes d'enseignement, qu'au point de vue du matériel, afin que nos élèves soient mieux chez nous que partout ailleurs sous n'importe quel rapport ; bien persuadés que nous sommes, que plus nos classes marcheront bien, plus nous aurons d'élèves ; et plus nous aurons d'élèves, plus nous pourrons avoir d'influence dans la tribu et par conséquent de chances d'exercer dans une large mesure notre apostolat. C'est surtout dans cette tribu-ci que nous devons attacher une grande importance aux classes.

Pénétrés de ces graves pensées, nous allons faire une visite au Président de la tribu qui est chargé, comme adjoint indigène de remplir les nouvelles écoles. Il est à craindre qu'il n'exerce sur les Kabyles une pression déloyale pour leur faire envoyer leurs enfants dans les nouvelles écoles plutôt que chez nous, dans l'espoir de se bien faire voir par l'Académie.

Nous lui faisons connaître la loi qui régit l'enseignement et qui est applicable aux indigènes de la même manière qu'aux français. En vertu de cette loi, les parents sont parfaitement libres de choisir leur école. Le rôle du Président doit donc être de s'assurer de la fréquentation scolaire et se borner à cela seulement. En conséquence, il ne doit point faire de liste en faveur de n'importe quelle école. Les instituteurs n'ont pas non plus à inscrire d'avance, sans consulter les parents, les enfants, comme ils l'ont fait. Ils doivent se borner à inscrire à la rentrée, les enfants qui se présenteront chez eux, envoyés ou amenés par les parents. En conséquence, nous demandons au Président qu'il fasse savoir aux parents que la liste qui a été faite, il y a quatre mois en faveur de l'école d'Aït-Lhassen, est sans effet et non avenue. Nous insistons; il nous promet de le faire. Il sait d'ailleurs que nous ne manquerions pas de signaler à qui de droit toute illégalité de sa part.

30. — Nous apprenons avec satisfaction que notre démarche d'hier n'est pas restée infructueuse. L'adjoint indigène a tenu sa promesse : il a fait savoir aux parents ayant des enfants d'âge scolaire, qu'ils étaient parfaitement libres de choisir parmi les écoles.

OCTOBRE

1. — Nous ouvrons nos registres afin d'inscrire les enfants nouveaux qui, nous l'espérons bien, vont nous arriver nombreux. Nous ne nous sommes pas bornés, en effet, à la démarche signalée plus haut auprès du président; nous sommes entrés en relation avec maints pères de famille et, naturellement, nous avons développé de notre mieux nos meilleurs arguments; entre autres, nous nous sommes efforcés de leur faire comprendre que nos classes ne laisseraient absolument rien à désirer, qu'elles seraient parfaitement bien faites. Cet argument, nous l'avons remarqué, a été un de ceux qui les ont le plus frappés.

A la fin de la journée, nous avons soixante inscriptions. Le P. Delmas s'aperçoit, en parcourant la liste, qu'elle ne renferme pas les noms de beaucoup de nos anciens élèves. Nous préférerions n'avoir pas tant de nouveaux et revoir nos anciens.

2. — Nous apprenons que nos anciens élèves, absents hier, se sont présentés à la nouvelle école d'Aït-Lhassen.

Nous ne pouvons comprendre cette défection. L'école de Taourirt-Mimoun constate également la défection de tous les enfants d'Aït-Lhassen qui, auparavant, allaient chez M. Verdy, titulaire de cette école ; ces élèves se sont aussi présentés à la nouvelle école de leur village.

Les Kabyles d'Aït-Lhassen se sont certainement entendus entre eux. Comme ils ne se supportent pas de village à village, ils auront décidé qu'ils enverraient tous leurs enfants dans la nouvelle école, bâtie sur leur territoire et ne les enverraient plus ni chez nous, puisque notre école est sur le territoire d'Aït-Larba, ni chez M. Verdy, dont l'école est sur le territoire de Taourirt-Mimoun.

Nous ne pouvons pas admettre ce principe; ce serait reconnaître notre école, comme l'école d'Aït-Larba, et premièrement nous n'aurions plus d'enfants des autres villages, et secondement, nous ne pourrions pas nous recruter à Aït-Larba, puisque ce village, deux fois moins grand qu'Aït-Lhassen, envoie la moitié de ses enfants au moins à l'école de Taourirt-Mimoun.

D'un autre côté, d'après la loi, les parents sont bien libres d'envoyer leurs enfants où ils veulent. C'est vrai, mais eu égard à la versalité du caractère des indigènes, à la bonne marche des classes, et pour le maintien de l'harmonie non seulement entre notre école et les écoles académiques, mais entre les écoles académiques elles-mêmes, il serait bon que cette liberté fut règlée dans la pratique. Cette année, les indigènes d'Aït-Lhassen invoquent un prétexte pour quitter les deux anciennes écoles qu'ils ont fréquentées jusqu'à ce jour; l'année prochaine, ils en invoqueront d'autres pour se présenter ailleurs. Nous faisons part de ces idées aux deux instituteurs d'Aït-Lhassen et de Taourirt-Mimoun ; il est en tout cas admis, qu'en attendant que la réglementation desirée soit faite par l'administration, l'instituteur d'Aït-Lhassen n'acceptera pas les élèves des anciennes écoles. Nous remarquons cependant qu'il désirerait bien pouvoir recevoir nos anciens élèves et ceux de M. Verdy, du village d'Aït-Lhassen et voir son école considérée comme devant seule être fréquentée par les enfants de ce village, le plus gros de la tribu, il a deux mille deux cents habitants. Aussi fait-il une lettre a M. l'administrateur pour lui demander l'autorisation de prendre nos anciens élèves et ceux de M. Verdy, en alléguant que les parents lui demandent à grands cris d'ouvrir son ecole à leurs enfants. Il vient à 7 heures nous montrer cette lettre et va aussi la montrer à M. Verdy, qui de son côté, nous a déjà dit qu'il allait écrire.

3. — Décidément, il n'y a pas de temps à perdre ; il faut à tout prix que nos desiderata parviennent avant ces lettres à la commune mixte. Après avoir réfléchi à cette affaire pendant la nuit, de bon matin, le P. Grisey envoyait un indigéne porteur d'une lettre pour l'administrateur. Voici le *modus vivendi* que nous demandions :

1° Tous les anciens élèves de notre école reviendront chez nous, quelque soit leur village.

2° Tous les anciens élèves de M. Verdy, d'Aït-Larba et d'Aït-Lhassen retourneront chez lui.

3° Tous les nouveaux d'Aït-Lhassen seront libres de venir

chez nous ou dans la nouvelle école de leur village, mais pas ailleurs.

4° Tous les nouveaux d'Aït-Larba seront libres de venir chez nous ou d'aller à Taourirt-Mimoun, sans pouvoir aller ailleurs.

5° Nous pourrons recevoir tous les élèves nouveaux qui se présenteront chez nous, quel que soit leur village, et sans qu'ils puissent être inquiétés par le fait qu'ils n'iraient pas dans l'école bâtie dans leur village.

Nous voulons à tout prix que notre école ne soit pas assimilée aux écoles académiques, en un mot, qu'au lieu de prendre un caractère local comme elles, elle conserve son caractère d'école ouverte à toute la tribu; nous voulons aussi à tout prix pouvoir toujours compter sur nos anciens élèves. C'est nous surtout qui profiterons de cette réglementation qui sera acceptée, nous n'en doutons pas.

4. — M. l'Administrateur nous envoie un exprès, porteur de la réponse. Il nous dit entièrement approuver notre appréciation sur la répartition des élèves entre les écoles. Il énumère tous nos desiderata en les approuvant et ajoute à la fin : « Je vais envoyer des instructions écrites en ce sens à tous les directeurs des écoles des Beni-Yenni. En attendant, vous pouvez leur communiquer les présentes dispositions. » Nous le faisons immédiatement.

7. — Le garde-champêtre parcourt aujourd'hui la tribu ; il apporte aux instituteurs les instructions promises de l'administration. M. Masselot nous en a fait adresser une copie. Voici ces instructions :

« 1° MM. les Pères missionnaires conserveront leurs anciens élèves et pourront prendre à la rentrée tous les nouveaux qui se présenteront, sauf les anciens élèves de Taourirt-Mimoun;

» 2° L'instituteur d'Aït-Lhassen recevra tous les enfants de ce village qui se présenteront à lui sauf les anciens élèves des Pères missionnaires et ceux qui, l'an passé, ont fait partie des deux premières classes de Taourirt-Mimoun;

» 3° L'instituteur de Taourirt-Mimoun recevra tous ceux qui, l'an passé, formaient ses deux premières classes ainsi que tous les nouveaux de Taourirt-Mimoun et d'Aït-Larba;

» 4° L'instituteur d'Agouni-Ahmed, recevra tous les enfants de ce village, ceux de Tighzirt, de Tensaout, sauf : 1° les élèves qui, l'an passé, formaient les deux premières divisions de Taourirt-Mimoun; 2° Les élèves anciens des Pères missionnaires et ceux qui, étant d'Agouni-Ahmed ou autres villages et étant nouveaux, opteraient volontairement pour l'institution de MM. les Pères missionnaires ;

» 5° L'instituteur de Taourirt-Lahdjadj recevra tous les enfants de Taourirt-Lahdjadj, sauf ceux qui formaient, l'année dernière, les deux premières divisions de Taourirt-Mimoun. »

Comme on le voit par cette règlementation, les instituteurs ne peuvent se recruter que d'une manière restreinte et locale, pour les élèves nouveaux. Quant à nous, nous pouvons recevoir des élèves nouveaux de tous les villages de la tribu, c'est-à-dire d'Aït-Lhassen, d'Aït-Larba, de Taourirt-Mimoun, d'Agouni-Ahmed, de Tighzirt, de Tensaout et de Taourirt-el-Ahdjadj, et conserver tous nos anciens.

Nous ne pouvions mieux réussir: *Deo Gratias!* Cette règlementation assure notre école contre les fluctuations que certaines ambitions n'auraient pas manqué de lui faire subir.

Nous n'avons plus qu'à recueillir petit à petit les enfants d'âge scolaire qui ne sont encore allés nulle part ; nous recruterons sans secousse nos enfants et une fois qu'il seront inscrits chez nous, ils ne pourront plus nous quitter. Nous n'aurons pas une armée roulante et un va-et-vient d'une école à l'autre au grand détriment de l'union qui doit exister aux Beni-Yenni entre tous les représentants de l'enseignement, et les écoles étant ainsi constituées les instituteurs n'auront qu'à se livrer paisiblement à l'enseignement chacun selon ses aptitudes. Nous nous efforcerons de fonder ici une école modèle, s'il plait à Dieu et une pépinière de bons Kabyles ; si nous ne pouvons encore les christianiser tous, nous préparerons le terrain.

Comme c'était à prévoir les instituteurs eux-même sont contents de ce *modus vivendi*. — Nous nous efforcerons d'entretenir avec eux de bonnes relations afin que nous puissions ainsi avoir une certaine action sur leurs écoles et faire servir leurs travaux et leur enseignement à la moralisation des indigènes.

10 — Nous constatons aujourd'hui la présence de quatre vingt-cinq enfants, tant anciens que nouveaux.

13. — Le P. Caillava nous arrive d'Alger où après avoir passé son brevet, il a fait sa retraite. Nous voilà au complet. Il nous faudra un moniteur pour être à même de faire trois classes. Nous l'avons demandé, nous espérons que bientôt nous recevrons notification de la création d'un poste de moniteur en faveur de notre école. Le P. Grisey tient à faire lui-même la classe ; il sera aidé par le nouveau brèveté, le P. Caillava et par le moniteur que nous attendons. — Le P. Delmas, à cause de sa connaissance des

personnes et des choses ici, s'occupera des remèdes et des affaires materielles, de façon à ce que les Pères chargés de l'enseignement puissent disposer de leur temps pour préparer chaque jour sérieusement leurs classes.

Nous ne nous préoccupons pas seulement du recrutement et de l'organisation de nos classes du jour. Parallèlement, nous avons traité la question de l'établissement de cours d'adultes. Nous serons heureux si nous pouvons attirer chez nous de nombreux jeunes gens; les classes du soir seront pour nous une bonne occasion de faire tomber de plus en plus les préjugés, de maintenir nos anciens élèves et de gagner à notre cause les anciens élèves de l'école de Taourirt-Mimoun. Depuis quelques jours, nous avons pris des inscriptions; nous n'avons voulu ouvrir ce cours que lorsque nous aurions au moins cinquante élèves. Aujourd'hui, la cinquantaine est dépassée; nous commençons donc la classe d'adultes. Elle sera faite par le P. Caillava et par le moniteur que Maison-Carrée nous a accordé et qui fonctionne depuis une quinzaine de jours. Notre intention est d'établir trois classes d'adultes, comme nous avons établi trois classes pour les enfants. Le Père Delmas prendra alors la première division, et le P. Caillava et le moniteur, chacune des deux autres.

17. — Comme le matériel scolaire était complètement insuffisant, nous avons fait faire dix tables et dix bancs. Nous pourrons ainsi plus facilement loger nos élèves. Nous n'avons pu attendre que des fonds nous fussent votés à cet effet; mais nous comptons que le R. P. Provincial, qui a pu juger du manque de matériel scolaire où nous nous trouvions, ne tardera pas à nous obtenir les fonds nécessaires pour nous rembourser de nos avances; il est d'ailleurs saisi de la question depuis longtemps. Nos adultes augmentant toujours, la troisième classe est créée.

DÉCEMBRE

17. — M. l'administrateur de Fort-National nous apprend une bonne nouvelle.

L'académie qui avait constitué depuis trois ans, en attendant la construction des nouvelles écoles projetées, une classe préparatoire à Aït-Larba, où nous sommes fixés, avait naturellement aboli cette classe cette année, pensant avec raison qu'elle n'avait plus lieu de fonctionner, puisque les indigènes avaient suffisamment d'écoles.

Mais en vertu de la réclamation citée plus haut, l'instituteur d'Aït-Lhassen ne peut recevoir aucun élève d'Aït-Larba; d'un autre côté nous avons laissé parfaitement libres les enfants de l'école préparatoire d'aller à l'école de Taourirt-Mimoun. Ils y sont allés en grande majorité : cela se comprend, l'école annexe et préparatoire supprimée devait naturellement verser ses enfants dans l'école à laquelle elle était académiquement rattachée. Il en est résulté que les instituteurs de l'école de Taourirt-Mimoun ont été insuffisants. Le directeur de l'école a aussitôt signalé cette situation au Recteur et demandé la création d'une quatrième classe, avec moniteur L'académie voulait donner une suite favorable à cette demande. Mais M. Masselot s'y est opposé de toutes ses forces : il sait en effet que cette quatrième classe nous ferait tort, en attirant trop d'enfants. « Sur les propositions de M. Verdy, M. le Recteur voulait faire une quatrième classe à Taourirt-Mimoun ; mais j'ai combattu ce projet comme complètement inutile et après vives discusions j'ai obtenu satisfaction. »

21. — M. Baudelaire, délégué à l'inspection des cercles indigènes pour le département d'Alger, vient nous voir. Il n'a fait aucune inspection ni chez nous ni dans les écoles du gouvernement Il a eu assez de mal d'essayer de rétablir l'union qui n'existe plus entre les instituteurs. Les nouveaux se sont tous coalisés contre l'ancien, c'est-à-dire le directeur de l'école de Taourirt-Mimoun. Nous déplorons que nos paroissiens vivent dans une mésintelligence telle, que si le Recteur n'avait pas été appelée à Paris, il serait venu lui-même faire l'enquête que M. Baudelaire a été chargé de faire. Il s'est bien efforcé de les remettre en bons termes, mais il n'a pas réussi, les instituteurs sont encore plus animés que par le passé les uns contre les autres. Il va sans dire que nous restons complètement en dehors de leurs querelles. M. l'Inspecteur nous demande si nous sommes contents de ses instituteurs. Il est enchanté de notre réponse affirmative; il sera heureux de le dire au Gouverneur a son retour ; car M. le Gouverneur qu'il a vu avant de commencer sa tournée lui a bien recommandé nos écoles. Il nous promet spontanément de revenir au mois de mai et de venir nous demander l'hospitalité.

31. — En jetant un coup d'œil général sur le trimestre, nous nous apercevons que nous avons essayé sérieusement de mettre en pratique les conseils que le grand apôtre du Japon et des Indes donnait à de jeunes missionnaires de sa société :

« En quelque lieu que vous soyez, écrivait-il, n'y fussiez-vous qu'en passant, tâchez de savoir par les habitants les plus honorables, les inclinations du peuple, les coutumes du pays, la forme du gouvernement, les opinions et tout ce qui touche à la vie civile Cette connaissance acquise, vous manierez plus facilement les esprits, vous aurez plus d'autorité sur eux, vous saurez sur quels points vous devez le plus appuyer dans la prédication. On méprise souvent les avis des religieux sous prétexte qu'ils ignorent le monde. Mais lorsqu'on en rencontre un qui sait vivre et qui a l'expérience des choses humaines, on l'admire comme un homme extraordinaire. Tel est le fruit merveilleux de la science du monde. Vous devez donc travailler à l'acquérir avec autant de zèle que vous en aviez autrefois pour apprendre la doctrine des philosophes et des théologiens. Seulement, ce n'est pas dans les manuscrits, ce n'est pas dans les livres imprimés qu'on acquière cette science : c'est dans les livres vivants, c'est dans les relations avec les personnes sûres et intelligentes. Avec cette science, vous ferez plus de bien qu'avec tous les raisonnements des docteurs et toutes les subtilités de l'école. »

Guidés par des conseils si sages, nous avons considéré la situation qui était faite cette année à notre mission et c'est en tenant compte de tous les évènements et de toutes les circonstances, que nous avons agi. Aussi, grâces en soient rendues à Dieu, nous sommes arrivés sans secousse, *suaviter et fortiter*, à réunir plus de deux cents étudiants, exactement deux cent dix.

Nous avons mis en application de nouveaux programmes et reconstitué dans ses éléments indispensables le matériel scolaire. Nous n'avons plus qu'à continuer à bien mettre en pratique les nouvelles méthodes, et notre école fera certainement bonne figure au milieu de celles de l'Académie. En conséquence, notre Mission prendra plus d'extension.

IR'IL-ALY

OCTOBRE

2. — Un de nos pensionnaires retiré de la maison par son père, dans des circonstances particulièrement odieuses, est tombé depuis quelque temps dangereusement malade, il nous fait prier

02. *Kabylie.* Beni-Ismaïl / Beni-Yenni : Chronique n° 68, octobre 1895.

BENI-YENNI

Nous recevons de cette station une étude relative à quelques sérieuses difficultés de l'apostolat auprès des kabyles. Nous la reproduisons volontiers, comme d'ailleurs tous les travaux de ce genre qui nous sont envoyés par les missionnaires, mais en laissant à leurs auteurs la responsabilité de leurs idées personnelles.

Mon but est de faire connaître quelques particularités trop peu dévoilées des mœurs des indigènes du Djurjura ; je pense qu'elles ne seront pas déplacées dans la chronique à cause de l'influence qu'elles exercent sur les âmes de nos montagnards. L'exposé de ces particularités fera toucher du doigt les immenses difficultés que notre mission apostolique a en face d'elle en Kabylie ; peut-être même sont-elles plus grandes que celles que les missionnaires rencontrent en pur pays musulman. Nous verrons quel peu de fond nous pouvons faire sur les antécédents chrétiens des populations berbères. Ce serait une erreur de croire que ces antécédents pourront nous être de quelque utilité. Le kabyle se préoccupe peu de la religion très probable de ses ancêtres. Il est bel et bien musulman et quelque chose encore de plus.

Quand je dis qu'il est musulman, je ne veux pas dire qu'il l'est à la façon des arabes, mais cela ne prouve pas en sa faveur. Nous allons le voir. Notre kabyle, c'est un fait certain, n'a pris de l'islamisme que ce qu'il a voulu. On a même dit qu'il ne s'était revêtu de la nouvelle doctrine que comme d'un burnous pour bien exprimer qu'il n'y tenait pas beaucoup. Mais on serait dans une grave erreur si on se permettait de conclure de cela que le kabyle en est meilleur et par conséquent plus abordable aux idées chrétiennes et civilisatrices. Un examen attentif fera voir et expliquera le pourquoi de la résistance de nos montagnards aux théories musulmanes qu'ils ont rejetées de toutes leurs forces. Non, ce n'est pas par suite de l'instinct d'un idéal supérieur que le kabyle s'est montré réfractaire, c'est par suite, au contraire, d'une profonde dégradation dans laquelle il a voulu rester, vivre et mourir.

De l'islamisme, il n'a pris que les idées dogmatiques, la morale assez facile qui d'ailleurs ne différait pas beaucoup de celle qu'il pratiquait déjà et quelques formules ou prières.

Quant au point de vue de la législation politique, du droit administratif, du droit civil, des règlements d'ordre intérieur ou de police, il a voulu conserver son droit coutumier et antique auquel il tient plus qu'à la vie. L'histoire est pleine des insurrections des Berbères au nom et en faveur de ce droit coutumier. Si nos indigènes ont combattu si souvent les arabes c'était beaucoup plus pour défendre ce droit que pour défendre leur religion plus ou moins chrétienne.

Cependant quand on examine ce droit coutumier des indigènes, on a peine à comprendre qu'ils y tiennent tant ; car ce n'est qu'un tissu d'erreurs monstrueuses. Les quelques explications que je vais donner, feront voir tout l'esprit de ce droit, incontestablement inférieur au droit formulé par le Coran. Qu'on ne perde point de vue ces explications, elles sont la clef avec laquelle on pourra pénétrer dans cet édifice; avec elles on pourra tout deviner, s'expliquer, parce qu'elles ont inspiré toute la législation berbère. On pourra aussi comprendre pourquoi notre mission est loin de donner les résultats qu'on aurait pu attendre d'elle si elle avait vécu dans un autre milieu plus favorable.

Les trois pensées mères de ce droit, sont : 1º la solidarité la plus étroite entre les kabyles ; 2º la capacité de posséder reconnue aux hommes seuls ; 3º la mise de la femme au rang des biens possessibles.

La première idée, chère aux kabyles et peut-être celle qui est le plus de nature à nuire à nos travaux apostoliques, est leur idée de la solidarité. Examinons-la, voyons jusqu'à quel point elle dirige les actes de la vie de tout kabyle. Cette idée de solidarité pénètre dans son esprit de très bonne heure; soit par les récits faits en famille, soit par les conversations qui ont lieu dans les réunions publiques et quotidiennes dans les djemâas.

On ne peut imaginer combien elle est poussée loin par l'esprit éminemment sociétaire du kabyle. On ne trouve jamais ici l'individu isolé et menant une vie libre et indépendante. Dès ses premiers pas dans la vie, l'homme est non seulement pris dans les liens de la famille, (et par famille, il faut entendre tous les individus unis par le sang, quel que soit le degré de parenté), mais encore dans les liens que crée le voisinage et qui amènent la formation de kharouba et dans les liens qu'il s'impose volontairement en choisissant son çof. On ne peut assimiler ces çofs aux partis tels qu'ils existent en Europe ; ils sont de vraies associations ou de veritables sociétés de secours et de surveillance mutuels.

Si ces associations que le kabyle aime tant se bornaient à procurer le bien de chacun de leurs membres en n'employant que des moyens moraux sans absorber l'initiative privée et laissaient à l'individu son indépendance naturelle et inaliénable, on ne pourrait que les louer. Mais malheureusement, il n'en est pas ainsi. Un proverbe peint bien l'esprit qui anime ces associations : « défends toujours et par tous les moyens ton coassocié, qu'il ait tort ou qu'il ait raison. » On comprend que l'associé a dû sacrifier son indépendance naturelle pour profiter de ce secours si extrême.

Ainsi donc la solidarité n'a point de bornes, par conséquent l'asservissement de l'individu n'en a point non plus.

Cette solidarité ne peut être que réprouvée par la morale et repoussée par le droit naturel privé.

Elle a de fréquentes applications à l'égard de tout ce qui est roumi. La magistrature se brise devant sa résistance. Les Kabyles, en effet, sans sourciller, sans hésiter, ne se font pas faute d'entraver journellement l'action de la justice française par de faux témoignages lorsqu'il s'agit de sauver un coassocié. Ils ne voient dans l'accusé qu'un sociétaire qu'il faut tirer du mauvais pas où il s'est mis ; et leur conscience est parfaitement tranquille lorsqu'ils ont réussi à le protéger contre des ayants-droit n'appartenant pas à la même association. Tous les Kabyles sont associés contre l'élément européen et toutes les idées qu'il représente ; et ils sont associés aussi les uns contre les autres pour leurs affaires d'ordre intérieur. La solidarité prime tout, même la loi morale !

Cette solidarité se manifeste en tout et partout : elle explique pourquoi des rixes particulières commencées pour un rien, dégénèrent en batailles générales et trop souvent sanglantes. Cette solidarité exige, en effet, que tout associé soit défendu par tous les siens présents, quand même il aurait tort manifestement.

L'individu est totalement absorbé par l'association et il doit faire taire toutes les réclamations de sa conscience, si elles se font parfois entendre, pour accomplir les devoirs, sacrés avant tout, de la solidarité.

Son indépendance est nulle en tout ; sa vie non seulement publique mais privée, est du ressort de l'association ; tous ses faits et gestes sont contrôlés, surveillés, et à l'occasion loués ou blâmés par la censure publique. Il doit faire abnégation de ses préférences et de ses idées personnelles pour suivre celles de la masse à laquelle il appartient. Qui ne voit qu'un pareil état de choses est extrêmement nuisible à la diffusion des idées chrétiennes ? Nombreuses sont les âmes déjà éclairées des lumières divines ; mais elles sont prises comme dans un étau dans les filets de fer de l'association. Aussi le premier but que nous devons poursuivre en Kabylie, c'est de briser les liens séculaires qui tiennent les indigènes trop unis entre eux.

Solve vincla reis,
Profer lumen cœcis !

Oui, brisons les chaînes qui relient tous les Kabyles entre eux, profitons de toutes les occasions, des classes aux enfants, aux adultes, des conversations individuelles ou publiques ; nous pourrons alors, avec l'espoir d'être suivis, enseigner les lois saintes de notre religion.

Tant que nous ne serons pas parvenus à désunir les kabyles, à leur redonner l'indépendance naturelle, nous aurons beau faire, on pourra nous écouter, on pourra être convaincu de nos vérités chrétiennes, mais on ne les embrassera pas. En examinant nos chrétiens actuels, il est facile de reconnaître qu'ils ont été isolés d'abord des indigènes et mis dans une certaine indépendance qui leur a permis de donner suite à leurs idées devenues chrétiennes. Nous pouvons voir aussi, qu'il y a des âmes qui, par suite de nos instructions, sont parfaitement éclairées et savent à quoi s'en tenir à propos de la religion ; et pourquoi ces âmes ne demandent-elles pas le baptême ? parce qu'elles ne sont jamais libres.

C'est le cas de prendre pour devise la fameuse maxime : « divide et impera. » Oui, pulvérisons par les moyens en notre pouvoir les associations, surtout les pires de toutes, les confréries de Khouan, détruisons leur influence, rendons à l'individu son indépendance et nous aurons fait beaucoup. On a dit qu'il fallait que les musulmans passent d'abord par la libre pensée pour pouvoir devenir chrétien. C'est une erreur. Pas n'est besoin aux musulmans ou aux kabyles de devenir libres penseurs ; ce serait même un malheur. Mais, ce qu'il faut, c'est qu'ils reconquièrent le droit de penser autrement que leurs coréligionnaires. Il faut qu'ils recouvrent la liberté individuelle que la nature leur donne et que leur enlève l'association. Il faut qu'ils sachent que non seulement ils doivent mais qu'ils ont le droit d'examiner et de se rendre compte par eux-mêmes de tout ce qui les intéresse : et quoi de plus grand intérêt pour eux que les questions religieuses ! Qu'on nous donne des hommes libres et indépendants, et bientôt ce sera fait de la religion de Mahomet et du droit coutumier des kabyles. Oui, ce qui maintient les kabyles dans l'erreur, c'est l'association telle qu'elle fonctionne chez eux. Sa force est si grande que l'islamisme lui-même n'a pu la détruire.

C'est l'association qui a permis aux kabyles de conserver intact leur droit coutumier. Ce droit sera vite réduit en poussière, lorsque les kabyles auront été rendus à la liberté individuelle : la solidarité est en effet le grand rempart qui protège les lois et les coutumes indigènes, la solidarité est la base de toutes leurs lois, la première elle-même entre toutes.

Nous allons voir maintenant les deux lois fondamentales, qui, après la loi de l'association, exercent le plus d'influence sur l'état social des indigènes

2° L'homme seul est capable de posséder. La femme est donc dépouillée de tous ses droits. Qui ne voit que par suite, elle ne peut avoir aucune indépendance ! Quand elle est enfant, elle est à la charge de ses parents, quand elle est mariée, elle est à la charge de son mari; quand elle est répudiée, elle retombe à la charge de ses parents; quand son mari meurt, elle est à la charge de son fils. On ne laisse à la femme que ce qu'il lui faut pour assurer sa vie, son habillement, son logement. Elle n'a droit à rien de plus; comme la bête de somme, elle doit par son travail balancer au moins les dépenses qu'elle impose.

Cette législation est tout ce qu'il y a de plus barbare. Comme on le voit, la femme n'est rien et l'homme est tout puisque lui seul est reconnu apte à posséder. Les marabouts, inféodés aux doctrines de Mahomet, ont bien fait tout leur possible pour tirer la femme de cette situation avilissante ; un moment, ils ont pu croire que les kabyles feraient passer leur foi avant leur amour pour leur droit coutumier; mais leurs espérances ont été vaines. Tout ce qu'ils ont pu obtenir ça été que les croyants kabyles missent un peu de forme dans la violation du Coran. Ils avaient en effet obtenu que les femmes kabyles hériteraient dans tous les cas prévus par l'islamisme, mais ils avaient accordé aux kabyles le droit de forcer les femmes à se dessaisir aussitôt après la prise de possession de l'héritage en faveur des héritiers seuls reconnus par leur droit coutumier. De sorte que ce n'était qu'une fiction. Hériter et être obligées de remettre aussitôt à d'autres leur part, telle était la situation qui était faite aux femmes. Eh bien! cette fiction dont les marabouts avaient été obligés de se contenter ne dura pas longtemps ; on revint purement et simplement au droit coutumier comme on le suivait d'abord.

On voit par ce fait historique, combien les kabyles tiennent à leur droit coutumier; leur esprit d'association leur a permis de résister aux marabouts à ce sujet, comme ce même esprit leur permet actuellement de maintenir leurs croyances musulmanes malgré nos efforts.

3º La femme n'a pas perdu seulement ses droits au point de vue de la propriété; elle les a encore perdus au point de vue de sa dignité humaine. Nous allons voir qu'elle-même est classée parmi les biens possessibles.

Oui, la femme a perdu tous ses droits; elle n'a pas même pu sauver du naufrage ses titres de compagne et d'épouse. Elle est purement et simplement une propriété estimable à prix d'argent; comme toutes les choses vénales, elle est soumise aux lois de la vente. Il n'y a aucune différence à ce point de vue entre la femme et n'importe quelle autre propriété. Les kabyles ont trois sortes de biens : 1º les biens immeubles; 2º les biens meubles; 3º les femmes. Le kabyle ne tient à la femme qu'au prorata des sommes qu'elle lui rapporte ou qu'elle lui coûte. Le premier propriétaire de la femme, c'est son père. Au jour de sa naissance, le père se demande avec angoisse si sa fille lui rapportera bien un jour de quoi compenser les dépenses qu'il aura faites pour son élevage. Je dis élevage et c'est à dessein, car il n'est pas question chez les kabyles d'éducation morale et intellectuelle à donner à leurs filles. On les dresse seulement aux travaux manuels comme on dresse les animaux domestiques aux travaux qui leur sont réservés...

On comprend facilement pourquoi sa naissance amène la tristesse dans la maison et pourquoi aussi on ne fait pas parler la poudre. A quoi bon faire une dépense! Ce qu'il y a de plus curieux, c'est que la mère elle-même est désolée de la naissance de sa fille. Elle a pour cela, il est vrai, de bonnes raisons; elle risque d'être mise à la porte par le mari mécontent; de plus, à la mort de son mari, s'il n'y a pas de garçon héritier, tous les biens du défunt passent aux mains de ses frères et elle est obligée de regagner le toit paternel où quelquefois sa réapparition ne fait pas plaisir; c'est ce qui arrive lorsque les parents prévoient qu'ils ne pourront plus la remarier ou plutôt la revendre.

Le deuxième propriétaire de la femme, c'est le mari. Il est devenu dûment et légitimement le propriétaire d'après le droit kabyle, par le fait qu'il a versé le prix convenu au père. Il peut dès lors parler en maître et la femme n'a rien à dire. Il peut la revendre; c'est ce qui arrive lorsqu'il n'en veut plus. Il peut aussi la chasser ou l'obliger par ses mauvais procédés à s'en aller, et qui plus est pour la faire souffrir davantage, il peut ne pas la revendre du tout et la forcer ainsi à un célibat perpétuel.

Si c'est la femme qui se sauve d'elle-même et qui ne veut pas revenir, elle est à peu près sûre d'être condamnée à ce célibat.

Il est vrai que la magistrature française, sur la plainte de la femme, force le mari à la reprendre ou à la divorcer d'une façon définitive qui lui permet de se remarier, ou plutôt qui oblige le mari à la revendre à un autre.

Le mari seul, en effet a qualité pour la revendre ; il en est le propriétaire, puisqu'il l'a payée deniers comptants à son père. Naturellement, le mari dans les occasions de vente ne manque pas de réaliser, si possible, un bénéfice sur le prix d'achat en la revendant plus cher qu'il ne l'a payée.

Mais la décision par laquelle les juges condamnent le mari à reprendre sa femme renvoyée ou qui s'est sauvée, ou à divorcer définitivement est lettre morte, par la raison bien simple qu'aucun Kabyle ne se présentera auprès du premier mari pour acheter sa femme, et que lui ne la reprendra jamais. Il déclare au juge qu'il ne la reprendra pas ; la femme est donc déclarée libre d'être revendue. Mais comme il ne se représentera pas d'acheteurs, elle sera quand même vouée au célibat.

Pourquoi ne se présentera-t-il aucun acheteur ?

Il y a de cela deux raisons. La première, c'est que personne ne voudrait, même pour rien, d'une femme qui a osé aller se plaindre devant le juge ; par sa plainte, elle est considérée par les Kabyles comme s'étant déshonorée à tout jamais à leurs yeux ; la deuxième, c'est qu'aucun Kabyle n'osera jamais, dans les conditions actuelles, profiter de la décision du juge, pour aller contre le droit coutumier qui est ici en faveur du mari. Sa conduite serait sévèrement jugée par l'association à laquelle il appartient. Cette association ne lui pardonnerait jamais d'avoir violé les lois kabyles. A fortiori, ne serait-il jamais pardonné par l'association à laquelle appartient le mari obligé de vendre. Il recevrait sans doute un jour ou l'autre un coup de fusil.

Comme on le voit, on ne peut imaginer une tyrannie plus grande de l'homme envers la femme. Il va sans dire qu'elle n'est jamais consultée ou très rarement sur son consentement ; le propriétaire qui la possède, en dispose comme il l'entend. Si généralement, la femme kabyle n'est pas comme la femme arabe condamnée à la réclusion ou comme elle, obligée de se voiler lorsqu'elle sort, il n'en est pas moins vrai de dire qu'elle est bien plus blessée dans sa dignité humaine. La femme arabe, au moins peut dire son mot sur le choix d'un époux ; elle est reconnue habile à donner son consentement soit directement soit indirectement ; elle n'est pas vendue comme la femme kabyle. Il est vrai qu'en se donnant, elle ne reçoit pas en échange de sa personne des droits sur la personne de son mari ; il est vrai qu'en se donnant, elle se donne pour une certaine somme d'argent, mais, cette somme d'argent lui appartient et constitue sa dot ; ses parents n'ont pas le droit d'en disposer sans son consentement. Elle peut même fixer les époques des divers paiements et les placer soit avant soit pendant le mariage. La femme arabe a non-seulement droit de posséder en propre sa dot ; mais elle a droit d'hériter en même temps que ses frères, ce qui n'a pas lieu en Kabylie. La femme kabyle, ne reçoit du père aucune propriété ; le père oblige seulement les frères de donner à leur sœur, dans le cas seulement où elle serait abandonnée par son mari et n'aurait pas d'autre moyen de subsistance, la jouissance du cinquième de leurs biens, et c'est tout ce qui est prévu par la loi kabyle en faveur de la femme.

La femme arabe a le droit de provoquer le divorce par l'intermédiaire du cadi, et son action étant légale, ne la déshonore pas ; elle peut donc se remarier sans que le premier mari ait le droit de protester. Ce simple exposé suffit pour faire comprendre que le droit coutumier des kabyles est beaucoup plus tyrannique et barbare que le droit émané du Coran, et, comme je le disais, que l'attachement des kabyles à leur droit était loin de prouver en leur faveur. Pour eux, Mahomet n'a pas été assez sévère pour les femmes.

Résumons : une triple idée a inspiré le droit coutumier des indigènes de Djurjura : l'association des hommes entre eux ; le droit de posséder aux hommes seuls ; la femme, une chose vénale : tout est là. La société ne comprend donc que les hommes ; les femmes sont classées parmi les propriétés.

Comment la femme sera-t-elle relevée ? Il n'y a qu'un seul moyen : la religion chrétienne embrassée par les hommes. Ce sont les hommes qui ont réduit la femme dans sa malheureuse situation actuelle ; ce sont les hommes qui, en devenant chrétiens, relèveront la femme. Ils ne la traiteront plus comme une chose vénale ; ils ne l'excluront plus de la société ; ils lui redonneront le droit de posséder et lui feront recouvrer sa dignité personnelle. Mais pour que les hommes deviennent chrétiens, nous l'avons vu, il faut qu'eux mêmes recouvrent leur indépendance naturelle en brisant les liens qui les rattachent les uns aux autres par l'association. Commençons donc par prêcher la liberté individuelle aux hommes ; le christianisme viendra ensuite et avec lui le relèvement de la femme dans sa dignité d'épouse, capable de posséder.

En finissant, je fais des vœux pour que mes confrères de Kabylie portent leur attention sur la situation des familles chrétiennes actuelles, et prennent garde que le mari mourant, les enfants et les biens ne tombent pas à la merci des musulmans, car si on n'y prend garde, les kabyles, en vertu de leur droit coutumier reconnu par la loi française, ne manqueront pas d'intervenir à leur avantage et à notre détriment.

IRIL-ALY

JUILLET

Le nombre des enfants assidus en classe s'est maintenu à la centaine jusqu'au dernier jour. Progrès sur les années précédentes de ce côté-là. Mais du côté du bon esprit, esprit d'obéissance, de vénération pour les Pères, nous avons peut-être perdu ce que nous avons gagné sur le nombre.

La station d'Iril-Ali commence d'avoir cinq ou six néophytes, dont trois moniteurs ou instituteurs, un aspirant instituteur, un soldat, et un boulanger.

Nous faisons construire un four. Le pauvre maçon qui a pris ce travail à tâche tombe malade de la fièvre typhoïde et va mourir chrétiennement à l'hôpital d'Akbou.

Pendant trois ans consécutifs nous avons eu quelques cas de typhoïde. Nous ne savons plus quelles mesures prendre pour empêcher l'eau de nos citernes de se corrompre.

AOUT

Durant ce mois nous avons le bonheur de donner à l'Eglise un nouveau chrétien. C'est un jeune instituteur qui, se sentant proche de la mort, reçoit le baptême.

Le premier élève qui eut le courage de venir en classe, au début de la fondation, meurt pendant ce mois presque de mort subite. Il était moniteur, père de trois enfants et le soutien de ses parents. Cette famille est désolée.

03. *Kabylie*. Taguemmount Azzouz : Chronique n° 70, avril 1896.

n'apprenaient rien en fait de connaissances humaines. C'était là une grosse calomnie, comme on en débite tant contre nous, ainsi que je le dirai plus loin.

Evidemment nos élèves ne sont pas des prodiges de science et d'érudition. Leur esprit est trop borné, trop enclin aux choses basses pour en faire des soleils éblouissants. Nous ne visons pas à les rendre tels, et eux n'y comptent pas trop. Mais ce qu'il y a de bon dans ces natures grossières, c'est leur docilité à écouter les grosses leçons pratiques de bonne conduite que l'occasion leur attire parfois, et leur assiduité à fréquenter notre école. L'Administration nous aide sous ce dernier rapport. Elle n'hésite pas à punir les récalcitrants et plus d'un kabyle a dû regretter sous les verrous de la prison sa négligence ou son obstination à ne pas nous envoyer son enfant.

→ Notre école va donc bien ; par contre, celle des Sœurs Missionnaires n'est guère brillante encore. Permettez-moi, Monseigneur, de vous en dire un mot Il vous fera connaître l'esprit de nos voisins et combien ils redoutent pour eux et leurs enfants les lumières de notre sainte religion.

L'arrivée des Sœurs ici, a été accueillie favorablement par le plus grand nombre. Comme leur établissement est, de tous points, splendide, on se représentait les Sœurs comme possédant de grandes richesses. Leur fortune, se disait-on, ne peut manquer de passer en nos mains, car les Sœurs sont des personnes éminemment charitables, soulageant toutes les misères. On savait encore que les Sœurs soignaient gratuitement les malades et qu'il n'y avait aucun secret pour elles dans l'art de guérir les infirmités. Cette renommée qui les avait précédées à Tagmount a acquis aux Sœurs, dans le commencement, les sympathies de presque tout le monde.

Mais les choses ont pris une autre face dès qu'il s'est agi de l'ouverture de l'école. Les enfants ne se présentaient pas. Ce n'était pas, à coup sûr, la faute des petites filles. Elles grillaient, au contraire, d'être admises auprès des Sœurs. Mais les parents, mais les vieux, mais les personnages influents refusaient de la façon la plus obstinée et la plus catégorique. Ils alléguaient une foule de raisons que je transcris sans commentaires, et à titre de curiosité.

1° Si nos filles vont chez les Sœurs, se disait-on, on va les faire aussitôt chrétiennes. Dès lors tout est perdu, et puis quelle honte alors pour nous ! Jamais nous ne souffrirons un tel deshonneur dans notre famille ! Jamais nous ne consentirons à une telle apostasie.

2° Nos filles, une fois chrétiennes, seront à charge à elles-mêmes et à nous. Personne ne voudra plus les *acheter* et nous ne pourrons plus les *vendre*. (C'est par ces mots mercantiles qu'on exprime, ici, l'idée de prendre une fille en mariage ; donner sa fille en mariage).

3° Nos filles élevées à la française ne se contenteront plus du régime de la vie Kabyle. Il leur faudra des habits plus élégants, une nourriture plus fine, un logement plus soigné. De là des dépenses importantes et inutiles.

4° Formées au contact de Sœurs Françaises, nos filles prendront bientôt les habitudes, les manières de leurs directrices, et, finalement, ne voudront plus travailler, ni se livrer aux occupations pénibles de la maison ou des champs.

5° Sachant lire et écrire et ayant acquis quelques connaissances, nos filles se prévaudront de ces talents et voudront, par suite, commander à la maison, ce qui serait la dernière des abominations.

6° Enfin, le bruit a circulé longtemps dans le village qu'une amende de trente-cinq francs était affligée à quiconque enverrait sa fille chez les Sœurs.

Toutes ces raisons et bien d'autres qu'il serait trop long d'énumérer ont ébranlé plus d'un cerveau kabyle; d'autant plus qu'aux yeux des Kabyles l'instruction et l'éducation de la femme est une honte et un crime impardonnable.

Nous avons essayé de dissiper ces grossières erreurs auprès de ceux qui se disent nos amis. Quelques-uns se rendant à nos assertions, auraient bien voulu mettre leurs enfants chez les Sœurs, mais, retenus par la crainte d'un blâme public, ils n'osaient prendre les devants.

Enfin, le 5 Février dernier, jour où M. l'Administrateur de Fort-National voulut bien nous honorer de sa visite et s'asseoir à notre table, nous lui fîmes part de ces bruits étranges qui couraient la tribu et qui fermaient absolument aux filles indigènes l'entrée de l'école des Sœurs. M. Masselot, dont la bienveillance à notre égard est connue de tous, s'émut à ce récit et, séance tenante, il ordonna au Khoudja, le grand Marabout, Si Abdallah, de réunir le plus tôt possible à la Djemâa de Tagmount les chefs de famille, et d'établir, lui-même, devant cette assemblée la vérité sur la mission que venaient remplir les Sœurs dans ce pays. Il en dût coûter à ce personnage dont les hostilités envers nous sont si manifestes, d'exécuter l'ordre qu'il venait de recevoir de l'autorité supérieure ; mais il le fallait et il le fit sans retard. Deux jours après le vendredi 7 Février, sur la convocation qui leur en fut faite, trois cents hommes environ se trouvèrent réunis à la Djemâa.

L'amin fit à tout ce peuple accroupi un discours pas mal tourné. Il montra, ainsi qu'il en avait l'ordre, que les Sœurs n'étaient pas venues uniquement pour enseigner la religion, mais qu'elles étaient là pour faire du bien à tous, pour prodiguer leurs soins intelligents et charitables à ceux qui souffrent, pour apprendre aux petites filles des métiers utiles : la couture, le filage, le tissage, la confection des burnous, les travaux du ménage, pour leur inculquer des notions de propreté d'ordre, de bonne conduite, pour leur donner une éducation honnête et morale ; que, pour ce qui était de la religion qu'elles pratiquaient, elles ne l'enseignaient point à quiconque ne voulait point l'entendre; qu'elles laissaient sur ce point délicat, pleine et entière liberté à tous. En conséquence, et en retour des bienfaits que les Sœurs allaient répandre partout, il était juste que les parents envoyassent leurs petites filles à l'école qui venait de s'ouvrir pour elles.

Cette conclusion inattendue provoqua quelques murmures dans les rangs, surtout des vieux. Ces murmures se changèrent bien vite en mouvements d'indignation et de protestations de refus formel. En entendant une telle péroraison ces vieux entêtés auraient bien grincé des dents, s'ils en avaient eu encore.

Le R. P. Bodin était là. Il avait assisté au discours du Marabout. Il avait été le témoin des protestations de ces vieillards fanatiques, vrais puritains de la secte impie qui voyaient déjà, avec frémissement, le scandale chrétien envahir leur cité sans tache. Notre cher Père Supérieur prit alors la parole devant cette multitude un peu tumultueuse, et fit un discours non moins bien tourné que celui de l'illustre Marabout. Il confirma les paroles de l'Amin et exposa la mission de paix et de charité que venaient remplir ici les Sœurs Missionnaires. En terminant, il engagea vivement les pères de famille à laisser leurs petites filles fréquenter l'école des Sœurs. Vous devez aux Sœurs cette confiance, leur dit-il, en retour des biens nombreux qu'elles vont répandre tout autour de vous.

Ces paroles furent accueillies par un redoublement de murmures de la part des vieux. Le R. P. Bodin les blâma et leur reprocha leur attitude hostile envers notre mission. Il les pria de cesser la guerre méchante qu'ils livraient depuis longtemps à nos catéchumènes. Nous ne vous empêcherons pas, leur dit-il, de pratiquer votre religion comme bon vous semble ; de quel droit, empêcheriez-vous ceux qui veulent étudier et pratiquer la nôtre de venir chez nous. Ces jeunes gens, ces enfants que vous persécutez sont libres comme vous, laissez les donc user de leur liberté comme ils l'entendront. Cessez au plus tôt les moqueries, les sarcasmes, les propos injustes et iniques que vous débitez si gratuitement et si criminellement sur ceux qui nous fréquentent, sinon je me verrai forcé de porter plainte contre vous à l'Administration. Et sur ces paroles dites avec une conviction qui aurait du faire réfléchir les auditeurs, s'ils eussent été des gens à réflexion, on se sépara.

Le lundi suivant 10 février, une réunion semblable et pour le même motif eut lieu à la Djemâa de Tizi-Hibel.

Trois discours y furent prononcés. L'amin, le garde-champêtre et le R. P. Bodin parlèrent tour à tour et exposèrent en termes éloquents la mission que venaient de remplir ici les Sœurs Missionnaires. Ces discours ne soulevèrent aucune protestation. Très fins politiques les gens de Tizi-Hibel ! ils ont toujours peur de se compromettre. Ils promettent tous en chœur d'envoyer leurs filles chez les Sœurs ; mais comme leurs voisins de Tagmount, ils n'en font rien.

Les choses en sont encore là, à l'heure présente, Monseigneur et très Vénéré Père, pas plus avancées aujourd'hui qu'elles l'étaient lors de ces réunions solennelles. Ce que nous avons récolté de tout cela, c'est une conviction plus ferme du peu de cas qu'il faut faire des promesses hypocrites des Kabyles et une preuve de plus de leur obstination profonde à ouvrir les yeux à la lumière de la vérité. ◄

2° Soin des malades

Les pauvres souffrants viennent toujours nombreux à notre dispensaire. Ils viennent même de très loin nous montrer les plaies hideuses et écœurantes qui, parfois, couvrent leur corps. Nous les soignons avec toute la charité que nous inspire notre ministère apostolique. *Curate infirmos*, nous a-t-il été dit après les Apôtres.

Les malades, pour la plupart, sont touchés de cet office que nous remplissons gratuitement auprès d'eux. Cette charité que nous leur témoignons nous attire leur confiance, et les souffrants qui ont eu à réclamer nos services sont plus aptes et plus disposés que les autres à écouter la parole du missionnaire.

Parfois, le bon Dieu daigne bénir nos soins, en procurant par nos remèdes, la santé, ou du moins un soulagement aux maux de ceux qui sont en proie à la souffrance. Parfois aussi, surtout dans nos visites aux tribus, nous glanons quelques petites fleurs qui n'attendaient que l'effusion de l'eau sainte sur leur front, pour mourir et s'envoler au ciel.

04. *Mzab* (Ghardaïa). « **Correspondance du Père Malfreyt 1884-1890** », côte C6 577-619. Cette lettre, datée du 23 janvier, 1884 est la première provenant de ce poste.

Ghardaïa 23 janvier 1884

C. 6. 577

R.9/2

Très Révérend Père,

Je viens de recevoir votre lettre du 8 ct, elle m'a fait grand plaisir et je suis tout confus des éloges que vous me donnez; je ne les mérite guère, j'ai beaucoup plus de raisons que l'apôtre de craindre qu'après avoir prêché aux autres, je ne sois moi-même réprouvé. Si la bonne volonté suffisait, les affaires marcheraient vite au Mzab et nous y aurions bientôt un établissement florissant, mais tout me fait prévoir de nombreuses difficultés et je ne trouve en moi ni l'habileté ni l'intelligence nécessaires pour les surmonter. Que Dieu donc vienne à notre aide et nous mette à même de triompher de tous les obstacles que nous rencontrerons dans l'accomplissement de son œuvre! Comme je vous l'ai déjà annoncé, j'ai loué la maison d'Isaac ben Daniel, inutile de vous dire que c'est un juif, le nom seul vous l'indique et vous montre

[141]

aussi que je suis tombé entre bonnes mains pour être plumé. Au désert comme à Alger, les enfants d'Israël sont nos amis moyennant finance et j'ai dû signer un bail de deux cent cinquante francs pour m'installer à Ghardaïa. La maison est sans contredit l'une des meilleures du pays, elle comprend un rez-de-chaussée, deux étages, en tout une dizaine de pièces et deux galeries, mais ces différentes pièces sont très petites et éclairées par de simples lucarnes qui permettent à peine d'y voir clair pendant le jour. C'est là, Très Révérend Père, que nous sommes établis tous les trois depuis le quinze janvier; et notre arrivée à Ghardaïa, nous avons fait une visite au Commandant Supérieur et au chef du bureau arabe; ces messieurs ont été polis, rien de plus, j'ai cru comprendre que notre présence n'était guère de leur goût. Quoi d'étonnant ? Il y a dans le pays une foule de gens qui ne seraient pas les amis du patron de notre poste. Une petite école a été ouverte, ces jours derniers par les soins de l'autorité, elle compte une douzaine d'enfants de Mélika et est dirigée par le brigadier des Spahis. Les Mzabites ne montrent pas beaucoup d'empressement à y envoyer leurs enfants et le succès ne sera probablement pas considérable. De mon côté, je me suis mis à faire la classe et j'ai déjà une quinzaine d'élèves, Israélites ou Arabes, d'autres suivraient facilement cet exemple, mais que puis-je faire sans livres, sans cahiers, sans tables, sans local convenable ? Les enfants ne manquent pas à Ghardaïa

[142]

et s'il me suffisait de frapper à terre du pied pour en faire sortir une école, dans moins de deux mois, j'aurais plus de soixante disciples dont l'ardeur naissante aurait besoin d'être retenue plutôt qu'excitée. Quelques tricots, quelques paires de bas, quelques boîtes de bonbons produiraient un effet magique au milieu de cette jeunesse habituée à être menée à coups de bâton, les préjugés tomberaient d'eux mêmes et les plus récalcitrants deviendraient doux et traitables. Voilà notre position, Très Révérend père, à vous de nous dire ce que vous pensez faire et de nous donner les moyens d'exécuter ce que vous aurez jugé utile et avantageux. Ici, nous ne trouvons ni planches, ni madriers, ni bois quelconque propre à monter une table ou un banc. En attendant vos ordres, je continuerai à trôner deux fois par jour sur ma galerie, apprenant à compter aux enfants et leur inculquant quelques mots de français, heureux si par ce moyen je puis trouver grâce auprès de Dieu et mériter d'être au nombre des élus. Pour le matériel tout va assez bien, nous ne sommes pas malades, le frère Aug. un peu souffrant, commence à se rétablir et bientôt il ne restera plus de traces de son indisposition, le spirituel laisse beaucoup plus à désirer, il y a près d'un mois que nous sommes privés du bonheur et de la consolation d'offrir le St Sacrifice de la messe et d'aller nous agenouiller aux pieds du Sauveur pour en obtenir appui, force et lumière. Oh! Très Révérend père, priez beaucoup pour le pauvre poste de Ghardaia et le plus indigne de ses missionnaires. Je voudrais vous donner de plus amples détails selon votre désir, mais je suis encore trop nouveau et je serais exposé à vous induire en erreur; je termine donc pour aujourd'hui, vous priant d'agréer, Très Révérend Père, l'expression des sentiments respectueux avec lesquels je me dis tout à vous en N. S.

F. Malfreyt
prêt. mis. d'Aff.

05. *Mzab*. Diaire de Ghardaïa : novembre 1883 – mars 1884.

DIAIRE DE GHARDAIA

1 8 8 3

Mois de Novembre 1883

La station de Metlili, fondée en 1874 par leRév. Père Paulmier, avait dû être abandonnée faute de missionnaires, lors du départ de la première caravane pour l'Afrique équatoriale. Ce n'est que le 3 novembre 1883 que son Eminence le Cardinal Lavigerie a pu envoyer de nouveaux ouvriers à cette portion si malheureuse de la vigne du Seigneur. Partis d'Alger les premiers jours de novembre, les P.P. Malfreyt et Kermabon et le Frère Augustin sont arrivés à Metlili le 28 du même mois, après un voyage toujours fatigant, mais finalement heureux. La maison, habitée pendant plusieurs années par un Arabe, se trouvait en fort mauvais état; une partie était tombée, l'autre menaçait ruine. Que faire ? Nous avons tâché de réparer le plus pressé et nous nous sommes installés de notre mieux en nous rappelant que le Fils de Dieu venant au monde avait choisi une étable pour demeure. Du reste le Divin Sauveur daigne encore habiter avec nous et nous consoler par sa présence des peines et des tribulations inhérentes à la vie apostolique. Je dois dire aussi que j'ai été enchanté de l'estime et de la vénération qu'ont conservées les habitants de Matlili pour leurs premiers missionnaires en général et en particulier pour l'excellent et regretté père Paulmier, connu sous le nom arabe de Si Abd-Allah. Tout le monde en parle encore avec enthousiasme et j'ai failli être porté en triomphe pour m'être dit son frère. C'était à qui me verrait le premier, à qui me demanderait si je connaissais le P. Abd-Allah, si j'étais son frère. Les Caïds sont venus nous voir, ils nous ont apporté des dattes et des grenades, le Cadi est venu aussi et généralement les gens du Ksar se sont montrés bienveillants.

Mois de Décembre

1.- Les premiers jours, en réparations; nous ouvrons nos caisses et tâchons de nous installer. Quelques malades viennent se faire soigner, mais nous n'avons presque pas de succès; ce sont des maladies chroniques pour lesquelles la médecine se trouve impuissante.

2.- Continuation des travaux manuels; la table que nous avons apportée, nous servira d'autel en attendant que nous ayons relevé notre chapelle.

5.- Nous allons soigner une vieille femme dans une tente assez éloignée du Ksar; Nous apprenons que notre maison a été habitée pendant plusieurs mois par une famille espagnole.

10.- Les P.P. Malfreyt et Kermabon se rendent au Mzab et tâchent d'y trouver l'emplacement d'une Maison d'école. Ils voient le Commandant supérieur et le Chef du bureau arabe qui s'offrent à leur fournir un peu de pain.

11.- Les pères, partis hier, rentrent ce soir vers les huit heures; le frère Augustin gardait la maison; il est un peu indisposé.

16.- Nous chantons la messe à la nouvelle chapelle; le Bon Dieu tiendra compte de notre bonne volonté et non de l'harmonie.

18.- Nous allons voir un des enfants de Hamed ben Hamed qui était venu nous chercher. Mouley Touhami continue à arranger la maison avec une lenteur désespérante.

19.- Le temps semble être à la pluie, mais il ne doit jamais en tomber dans ce pays-ci; les jours derniers le thermomètre marquait 5 au-dessus de 0; aujourd'hui il est de nouveau à 10 au-dessus de 0.

20.- Le village est troublé par le chant de quelques marabouts qui sortent de la mosquée et se rendent au cimetière en répétant leur invariable refrain : Dieu est Dieu et Mahomet est son prophète.

21.- Notre basse-cour étant fort peu nombreuse, nous nous apercevons facilement de la disparition de deux de nos ouailles; nous les demandons, aussitôt on se met à la recherche des fugitives et on nous les ramène facilement.

22.- Après dîner, plusieurs Arabes, amis du R. père Paulmier, viennent chercher des remèdes et bavarder avec nous; la curiosité diminue, nous commençons à être connus.

23.- Il pleut un petit peu; nous nous craignons que la maison tombe et qu'elle nous prenne comme des grives. Nous recevons le courrier.

24.- Le mauvais continue. Nous nous préparons de notre mieux à célébrer la grande fête de Noël; nous nous unissons de-coeur à tous nos frères de la mission et à toutes les âmes du monde catholique. Le père Kermabon dit la messe de minuit.

25.- Nous chantons la grand messe; l'harmonie laisse à désirer, mais nous ne nous en attristons pas trop, puisqu'il est dit dans l'office du jour : pax hominibus bonae voluntatis. Le brouillard couvre le pays et finit d'en assombrir l'aspect.

26.- Nous allons chercher une pierre pour mettre au bassin du jardin et pouvoir laver notre linge.

27.- Un des fils Touhami tire de l'eau, le frère Augustin fait la lessive.

28.- Continuation du même travail; rien de nouveau.

29.- Le père Touhami se rend au Mzab; nous envoyons deux bouteilles de vin blanc de Maison-Carrée à M. Didier, Commandant Supérieur, et deux autres à M. Massautié, chef du bureau arabe de Ghardaïa. A minuit, nous sommes réveillés en sursaut; c'est notre maison qui s'est écroulée du côté de chez Mouley Hamed; la caisse des ornements est brisée, le calice aussi, le tabernacle est couvert de pierres et de poussière. Nous les transportons de suite dans une autre chambre, nous dégageons le plus pressé et chacun rentre chez soi peu enchanté de la nouvelle position.

30.- Le lever a lieu à l'heure ordinaire, mais nous manquons la messe, n'ayant plus de calice pour la dire; on ne parle dans le Ksar que de la chute de notre maison; on vient contempler les ruines et on raconte maintes histoires; les marabouts se réjouissent et viennent chanter un cantique d'action de grâces dans la maison d'un de nos voisins. Puissions-nous mettre encore plus d'ardeur dans le service du Bon Dieu qu'il n'en mettent au service du diable. Nous envoyons une dépêche à Maison-Carrée. Le soir nous ne pouvons donner le salut, l'encensoir est encore sous les décombres.

31.- Nous n'avons plus la consolation de dire la Ste Messe et ce n'est pas la moindre de nos peines.

<u>Mois de Janvier 1884</u>

1.- Nous voilà au commencement d'une année nouvelle; la finirons-nour ? Dieu seul le sait; dans tous les cas, nous la lui offrons de grand coeur afin qu'il daigne

Janv. 1884

nous protéger et mpis bénir.

2.- Notre maison paraît bien misérable et ceux qui la voient nous demandent si nous n'allons pas bientôt la rebâtir.

3.- Les marabouts deviennent de plus en plus fervents; le jour ne suffit plus, ils consacrent une grande partie de la nuit à chanter et à prier.

4.- Le père Malfreyt se rend à Ghardaïa et trouve une dépêche du Très Révérend Père Supérieur Général qui l'autorise à louer une maison. Après deux jours de recherche, il conclut enfin avec un juif nommé Isaac ben Daoud qui consent à lui céder sa maison pour un an, moyennant la somme de deux cent cinquante francs payables, cent cinquante de suite et les cent autres dans cinq mois.

6.- Fête de l'Epiphanie : nous la célébrons de notre mieux, mais il ne nous pas encore permis de dire la Ste Messe. Quand recevrons-nous notre calice ? Ce sera un bien grand bonheur pour nous de célébrer de nouveau la Ste Messe.

7.- Rien de nouveau.

8.- Nous nous préparons à quitter Metlili pour nous rendre au Mzab où nous avons loué une maison.

9.- Aly ben Arrous, Caïd de Metlili, venant de Laghouat, est venu nous voir et nous a demandé s'il ne nous manquait rien; les Arabes s'occupent beaucoup de la guerre du Tonkin; ils sont tout prêts à commencer une insurrection s'ils croyaient pouvoir réussir.

10.- Les marabouts de Metlili passent la plus grande partie de leur nuit à chanter, c'est un moyen de s'échauffer comme un autre car il fait encore froid dans le pays.

11.- Le Caïd Sardje Allah voudrait à toute force nous faire manger le kouskous chez lui; nous promettons d'aller le voir.

12.- Aaroun et Daoud viennent nous voir et nous annoncent leur départ de Metlili pour le Mzab; ils nous engagent à venir au plus tôt afin de faire la classe à leurs enfants.

13.- Dimanche, nous chantons les vêpres et nous donnons la bénédiction du St Sacrement, mais nous so-mes encore obligés de manquer la messe.

14.- Tout est prêt pour notre départ, la table est démontée, tout est emballé, nous sommes en tenue de campagne et nous brûlons nos derniers morceaux de caisses pour réchauffer un peu.

15.- Départ pour le Mzab; le père Kermabon reste jusqu'à demain afin de ne rien laisser à Metlili; nous arrivons à Ghardaïa vers le soir; notre maison n'est guère bien réparée, nous nettoyons le plus gros et nous commençons notre installation.

16.- Le père Kermabon arrive vers deux heures, nous sommes au complet; les Israélites sont contents de nous avoir au milieu d'eux; il faudra bien des caisses de savon pour approprier ces figures.

17.- Baptiste, maçon français, qui devait réparer notre maison, a jeté quelque peu de chaux sur les murs et tout a été fini par là.

18.- Nous allons faire une visite aux autorités; l'accueil est un peu embarrassé; nous compresnons que ces Messieurs aimeraient autant nous voir plus loin d'ici·

Janv. 1884

Le Commandant Supérieur va ouvrir son école; elle sera faite par un soldat, peu d'empressement de la part des indigènes. Le soir, au marché, de Ghardaïa, un grand nombre d'arabes me demandent à envoyer leurs enfants en classe. L'école du gouvernement a peu de chance de réussir. Si nous pouvions faire la classe, nous aurions tout de suite une trentaine de Juifs. Que n'avons-nous une maison d'école !

19.- Rien de nouveau à Ghardaïa.

20.- Dimanche, nous n'avons pas encore reçu le calice, nous n'avons plus même le St Sacrement. Quand donc aurons-nous le bonheur de célébrer de nouveau la Ste Messe ? Le père Kermabon et le frère Augustin font une petite promenade dans la soirée. Il y a une taverne tout près de notre parte et si les soldats ne songent pas à prier le bon Dieu, ils n'oublient pas de venir boire l'absinthe.

21.- Nous attendons avec impatience l'arrivée du courrier espérant qu'il nous apportera le calice de Laghouat.

22.- Le courrier arrive vers les huit heures et ne nous apporte encore rien. Que la volonté de Dieu se fasse et non la nôtre.

23.- Nous avons une quinzaine d'enfants qui viennent en classe; il y a des Juifs, des Arabes; plusieurs Mozabites sont venus voir la maison.

24.- Les P.P. Kermabon et Malfreyt font une promenade en ville et sur la montagne où l'on construit le fort. Au moyen d'une lunette, ils voient le pays et les différents travaux de fortification et d'embellissement. Selon toute apparence, ce fort, digne du génie romain, sera un immense entrepôt de munitions et de vivres; il servira aussi de point stratégique pour s'avancer de là au Touat. Un des tailleurs de pierre nous apprend qu'une nouvelle mission est passée ici vers Noël et s'est dirigée au Sud.

25.- Notre classe augmente assez rapidement; il y a une vingtaine d'enfants. Le médecin militaire et plusieurs officiers viennent voir notre maison; ils nous annoncent la visite du Gouverneur général de l'Algérie; il doit être accompagné du général Saussier.

26.- Les Juifs ont reçu des marchandises d'Alger; ils les ont entrées pendant la nuit et ont probablement commencé par prendre une forte dose d'absinthe car ils ne peuvent pas ouvrir les yeux.

27.- Encore un cimanche sans pouvoir dire la Ste Messe; Mon Dieu, diagnez enfin venir à notre aide !

28.- Plusieurs Mozabites viennent nous voir; ils promettent d'envoyer leurs enfants en classe, mais il est probable que les marabouts et les fervents du pays travaillent à arrêter ce mouvement.

29.- Nous recevons la visite d'un officier de tirailleurs venant de Ouargla. Il est tout jeune et a l'air bien gentil.

30.- Arrivée du courrier; une lettre de M. Malaury nous apprend que deux colis nous sont adressés chez M. le Commandant Didier; il y a un calice, Dieu soit béni! Le soir même, M. le Docteur vient nous informer qu'il a reçu une petite boîte à notre adresse; nous le remercions et la faisons prendre de suite.

31.- Quel bonheur de célébrer de nouveau la Ste Messe, après un long mois d'at-

[148]

1884

puisse-t'il nous combler de ses faveurs et éclairer les Infidèles qui nous entourent.

Mois de Février

1.- Nous recevons la visite de M. le Commandant des Tirailleurs; il est accompagné du lieutenant et du sous-lieutenant; il est venu à Ghardaïa et doit se rendre à Ouargla pour préparer les voies à M. Tirman dont on a annoncé l'arrivée pour le 20 courant.

2.- Fête de la purification, nous la célébrons intérieurement, occupés que nous sommes à la formation de notre classe.

3.- Dans la soirée, nous chantons vêpres et nous donnons le salut du St Sacrement.

4.- Depuis quelque temps . M. Massantié et ses compagnons passent souvent devant notre porte. Quel peut être le fait de leurs fréquentes promenades ?

5.- Hamou et son gendre amènent leurs trois enfants en classe; deux feront très bien.

6.- Lakhedar, fils d'un ancien Caïd de Ouargla, ancien élève des pères, vient s'établir au Mzab afin de pouvoir continuer ses études; plusieurs adultes essayent d'apprendre le français; c'est un Arabe de trente cinq à quarante ans, il a été baptisé à la Trappe et y a passé six ans comme frère. Aurait-on jamais cru trouver un trappiste à Berrian ? Que ce soit le grain de senevé du désert !

7.- Congé alimentaire; plusieurs enfants viennent quand même pendant la journée pour causer ou s'amuser.

8.- Nous achetons au marché de Ghardaïa un peu d'étoffe afin de faire un petit tapis pour la chapelle.

9.- Comme tous les samedis, un grand nombre de Juifs viennent nous ennuyer sous prétexte de lire.

10.- Nous pouvons vivre en bons chrétiens, célébrer et assister à la Ste Messe.

11.- MouleyTouhami nous apporte quelques oeufs et une peau de mouton; nous lui payons le tout et l'engageons à venir nous voir de temps en temps.

12.- On a fait publier dernièrement dans les différentes villes du Mzab la défense de vendre des nègres, menaçant de l'amende et de la prison ceux qui seraient pris en contravention.

13.- La formation de notre classe se fait; quelques uns de nos anciens élèves se retirent, de nouveaux viennent les remplacer.

14.- Il y a courrier aujourd'hui; c'est un vrai bonheur pour les missionnaires du Sahara de recevoir de temps en temps des nouvelles du monde civilisé.

15.- Les bonnes dattes sont chères même à Ghardaïa; elles se vendent à raison de 4 francs le régime; la viande vaut 4 à 5 francs le soi-disant quartier de mouton; les oeufs, 0fr10 pièce; les pommes de terre 0fr30 le kilo.

16.- Les Beni Merzoug sont en fête; c'est une noce qui dure depuis trois jours; les élèves de cette fraction trouvent des raisons pour demander congé; il faut se montrer indulgent et faire semblant de les croire.

17.- Le tonnerre grande et il tombe une petite averse, mais cela ne dure que quelques minutes.

[149]

Fév. 1884

18.- On parle sérieuse-ent de l'arrivée prochaine du Gouverneur général de l'Algérie.

19.- Nous recommençons encore à faire deux classes régulières, je ne sais si nous serons plus heureux que la première fois.

20.- Quelques teigneux viennent se faire soigner, mais il n'y a pas encombrement.

21.- Les Mozabites se préparent à recevoir le Gouverneur général; ils fabriquent de la poudre comme aux plus beaux jours, qui vivra verra.

22.- Un de nos élèves adultes, Mohamed ben Affari nous raconte sérieusement que le monde est porté sur les cornes d'un boeuf, lequel boeuf repose sur un rocher, lequel rocher repose sur la verdure que Dieu tient lui-même. Mohamed nous apprend aussi que la mer est entourée d'une ceinture de montagnes; il croit aussi sérieusement que les Français qui meurent ici revivent en France. L'Evangile qu'il lit lui paraît magnifique et l'autre jour, pendant la religion, il s'est extasié devant ce principe tout naturel : religion de sabre ne vient pas de Dieu.

23.- M. Massautié et l'interprète du bureau arabe viennent nous sommer, par ordre du Commandant supérieur en cemoment à Metlili, de fermer notre école sous peine d'être traduit en police correctionnelle. Nous promettons d'obéir en faisant remarquer que nous n'avions pas cru mal faire en imitant leur propre exemple.

24.- Le Père Malfreyt se rend au bureau arabe pour régulariser lasituation; M. Massautié consulte le Commandant et nous continuons notre classe jusqu'à nouvel ordre, ces messieurs s'engageant à fermer les yeux sur cette petite irrégularité. Du reste, ils ne sont guère au courant des lois qui régissent la matière.

25.- Les quelques gouttes de pluie tombées dans la journée et les préparatifs de la réception du Gouverneur général ont retenu plusieurs élèves à la maison.

26.- Le grand Rabbin des Juifs de Ghardaïa est mort, cessation de tout travail en signe de deuil; le pauvre homme est mort pour avoir trop bu de cette espèce d'anisette qu'on obtient en distillant les dattes. Grand bal, à Mélika, dans la cour de l'interprète militaire.

27.- Départ pour Berriau ou au-delà d'une centaine de chameaux qui sont envoyés pour porter les bagages du Gouverneur ou escorter sa personne.

28.- Dès le matin, le camp est en mouvement; les spahis sortent à la rencontre de leurs compagnons d'armes et ne tardent pas à rentrer avec ces derniers, formant à peu près une compagnie; Les chameaux arrivent aussi en grand nombre, les voitures du train montent au bordj; il y a dans le pays un va et vient inaccoutumé; par intervalles on entend des coups de fusil; une maison prend feu près de la mosquée des Mozabites.

29.- Aujourd'hui doit arriver M. Tirman, Gouverneur général de l'Algérie; la matimée est assez tranquille, les impatients tirent quelques coups de fusil. Vers une heure, le camp se met en mouvement, les spahis partent les premiers, la fusillade ne tarde pas à commencer, Ghardaïa sort bientôt avec ses drapeaux et ses armes, dès lors les détonations deviennent si nombreuses qu'on se croirait sur un champ de bataille ou près d'un polygone; les tirailleurs attendent l'arme aux pieds devant le bureau arabe; c'est là que s'arrête la calèche de M. le Gouverneur qui en descend aussitôt, fait une courte halte pour congédier la foule et moins d'une demi-

[150]

1884

heure après, s'achemine vers Ghardaïa, visite les mosquées, le temple des Juifs, quelques boutiques et passe devant notre maison pour rentrer au logis, escorté toujours par les officiers de Ghardaïa.

Mois de Mars

1.- Le Gouverneur se rend de bon matin à Mélika, de là à Ben-Irguen, au fort, au barrage de Ghardaïa; c'est un intrépide touriste. Le quartier juif est en émoi, car on doit venir photographier un couple digne de figurer à une exposition.

2.- Le Gouverneur et sa suite se rendent à Metlili; Taïeb et Abdelkader viennent nous voir dans la soirée.

3.- Depuis l'arrivée du Gouverneur nous avons donné congé pour ne pas attirer l'attention.

4.- Départ du Gouverneur pour Ouargla, nous pourrons reprendre nos occupations ordinaires.

5.- Il pleut pendant la nuit, le toit de notre maison ne semble pas fait pour un temps pareil, l'eau coule partout; Dès le point du jour, Kouider vient nous porter secours en recueillant avec une casserole l'eau de la terrasse; la pluie continue et nous avons de la peine à trouver une place sèche pour nos élèves; le soir nous nous couchons dans la crainte d'être réveillés encore par la chute de notre maison, comme à Metlili.

6.- La pluie tombe encore aujourd'hui, les Beni Mzab font parler la poudre en signe de joie; les jardins sont remplis d'eau et les Indigènes s'y plongent avec un bonheur et un entrain qui donneraient à croire qu'ils ont fait cela toute leur vie. La rivière impatiemment attendue n'arrive pas.

7.- Le temps se remet au beau; nous recevons la visite de l'ex-trappiste de Berrian; il vient à une noce; nous l'engageons à mettre ordre à ses affaires et à retourner à Alger où il pourra pratiquer la religion; il paraît décidé à suivre ce conseil.

8.- Le quartier juif retentit sans cesse du refrain : au clair de la lune; enfants, filles, hommes et femmes, tout le monde le chante avec un entrain admirable. Affary, un de nos adultes, l'apprend avec autant de sérieux qu'en mettait Archimède à la solution des problèmes les plus importants.

9.- Le frère Augustin s'en va faire une promenade avec son élève Affary.

10.- La plupart de nos élèves Mozabites battent en retraite, la tournée de M. Tirman ne promet pas de nous être favorable. Nous apprenons que le Chaouche du bureau arabe a fait courir le bruit que le Commandant supérieur allait mettre en prison les enfants qui fréquentaient notre école. quelques-une le croient, d'autres ne sachant trop à quoi s'en tenir, restent à attendre.

11.- Le père Malfreyt va réclamer ses papiers au bureau; ces messieurs semblent être revenus à de meilleurs sentiments ou du moins ils ont changé de tactique, désormais ils agiront en dessous. Ce moyen aussi déloyal que le premier aura le même résultat et de plus l'avantage de jeter de la poudre aux yeux. Le général Loysel est annoncé pour le 11 avril.

12.- Un employé du bureau apporte dans la matinée les pièces relatives à l'ouverture de l'école; le plus grand pas semble être fait. Il pleut cette nuit; il faut encore lever le camp et chercher derrière la porte de ma chambre le seul petit coin en état d'arrêter la pluie. S'il pleuvait souvent, les Mozabites seraient malheureux ou

PRINTED ON PERMANENT PAPER • IMPRIME SUR PAPIER PERMANENT • GEDRUKT OP DUURZAAM PAPIER - ISO 9706

N.V. PEETERS S.A., WAROTSTRAAT 50, B-3020 HERENT

ISBN 978-90-429-1959-4